Huir no borra el pasado

1

Helena Sabater miraba la pared de un hotel cercano a un centro comercial, mientras pensaba dónde comenzó todo, dónde se había roto esa relación con su madre que la había llevado a dejar su casa, su vida. Helena no entendía cómo madre e hija habían sido capaces de decirse esas palabras, de hablarse de aquella manera. Porque pese a lo diferentes que eran, a lo distanciadas que habían llegado a estar, Helena nunca pensó que pudiera existir aquel abismo entre las dos. Jamás creyó que hubiera un mundo en el que no cupiesen ambas.

Tumbada en la cama, rebuscó entre sus recuerdos y se dio cuenta de que, desde hacía muchos años, solo habían tenido pequeños momentos de tregua, pequeños instantes en los que la complicidad se posaba sobre ellas haciéndoles creer que todo era perfecto. Aunque no lo fuera. Hacía tiempo que las dos habían dejado de entenderse y, lo que era peor, habían dejado de intentarlo.

Mucho más triste que todo eso era que Fifín, desde que retuvo a aquella pequeña de ojos marrones entre sus brazos, quiso que fuera feliz, que no le faltara nada y que sintiera que el mundo era un lugar perfecto que habitar; y que Helena, desde que reconoció a aquella mujer de ojos verdes que la acunaba entre sus brazos, quiso amarla y semejarse a ella tanto como pudiera.

Pero nunca, en todos esos años en los que Fifín y Helena se quisieron, se lo dijeron en voz alta.

La primera vez que se abrió aquel abismo fue cuando Helena iba a comenzar tercero de BUP. Por aquel entonces sus padres querían que estudiara Arquitectura, al igual que su hermano Carlos, o Empresariales. Helena también lo creía, hasta que decidió cambiar esa opción por otra: haré el bachillerato de letras, les confesó la noche previa a matricularse. No se había atrevido a decírselo antes, porque se iba a enfrentar a una charla para la que no estaba preparada. Conocía cuáles eran los argumentos que esgrimirían para convencerla: no encontrarás trabajo, eso no es lo que siempre hemos hablado, si haces ciencias entrarás en el despacho de papá. Un largo reguero de cuestionamientos a los que Helena no quería enfrentarse.

Durante la cena, en aquel comedor de treinta y cinco metros cuadrados, sentados los cuatro en la mesa de madera maciza, Helena les intentaba explicar que eso no era lo que ella quería, que no tenía por qué hacer lo mismo que su padre y que su hermano, que podía tomar otro camino. Pero ni Jaime ni Fifín veían claro cuál era ese camino y le preguntaban cómo era posible que hubiera cambiado de parecer, a ella que tan bien se le daban los números.

Helena les repetía que deseaba hacer una cosa diferente con su vida. Y Fifín le replicaba qué cosa diferente era esa, qué habían hecho mal como para que les saliera una hija que se empeñaba en deshacer los planes establecidos. Helena intentaba explicarles su punto de vista, aunque no había argumentos en el mundo para convencer a esos padres, que lo único que querían era darle un futuro a su hija; un futuro cómodo como el que ellos tenían.

Carlos no había querido participar en esa discusión. No era la primera vez que Helena y sus padres se peleaban, porque cuando ellos opinaban sobre una cosa, Helena les rebatía con un argumento contrario. Así había sido desde que su hermana cumplió los catorce. Carlos la justificaba delante de Jaime y de Fifín y les convencía de que era una actitud adolescente, y de que cuando cumpliera algunos años más lo superaría. Fifín le contestaba que él no fue así, que se conformó con lo que ellos le decían, que había sido mucho más dócil, mucho más cariñoso y que jamás, jamás, les había llevado la contraria de forma tan tajante. Y Carlos le insistía en que, al final, a Helena se le pasaría aquella rebeldía adolescente. Pero no se le pasó.

Carlos, al que le fue más cómodo seguir las directrices que le habían marcado sus padres, no quiso intervenir en esa disputa y se limitó a seguir cenando como si la conversación no fuera con él. De una y otra parte escuchaba argumentos que eran irrefutables, así que no sabía bien cómo mediar en aquella discusión. Lo que parecía que iba a ser una noche tranquila viendo el telediario, se convirtió en una batalla en la que él permanecía en terreno neutral.

Sin embargo, cuando ya nadie creía que el silencio se escucharía en esa casa, Jaime, que intentaba no lidiar con su hija Helena en la mayoría de las ocasiones, zanjó la discusión: cuando no encuentres trabajo, no vengas a pedirme uno. Haz lo que quieras, pero si eliges una cosa no te dejaré dar marcha atrás. Tú sola asumirás las consecuencias.

Nadie más habló. Oían el sonsonete de la televisión entremezclado con sus pensamientos. Helena lloraba por dentro, pues creía que su padre justo tendría que haber dicho las palabras contrarias: si te equivocas, aquí estoy yo; Jaime pensaba que si era tan duro con Helena se arrepentiría de su decisión y acabaría haciendo como Carlos; y Fifín pensaba cómo podía tener una hija tan rebelde si la habían educado exactamente igual que a su otro hijo.

Esa fue la primera discusión en torno a sus estudios, aunque no sería la última. La escena anterior se repitió pasados dos años. Helena había acabado COU siendo la primera de su promoción, y sus notas de selectividad le permitían acceder a cualquiera de las carreras de letras que, por aquellos años, se ofertaban en la universidad. Por eso, aquel junio de 1991, cuando se sentó a comer junto a sus padres, supo que otra guerra iba a estallar:

—Voy a estudiar Filosofía.

El silencio que prosiguió a esa frase se pudo sentir. Durante más de quince minutos nadie dijo nada. Fifín y Jaime seguían comiendo como si no hubieran escuchado lo que su hija acababa de decir. Helena fingía que aquel silencio era el preludio de una enhorabuena deseada. Pasados los minutos, Fifín se levantó y recogió los platos, mientras Jaime permanecía en la mesa con la mirada fija en el televisor.

Helena se dirigió a la cocina dispuesta a preparar el café, como hacía siempre. Recorrió el comedor con cuatro vasos en su mano y esquivó la mesa de mármol que había delante del sofá, mientras su cabeza gestionaba qué era lo que le diría a su madre cuando la encontrara. Cruzó la puerta de roble acristalada y se adentró en la cocina. Al fondo, delante de la pila de piedra marrón, Fifín enjuagaba los platos antes de introducirlos uno a uno en el lavavajillas con un movimiento mecánico. Helena se sentó en el taburete que se escondía bajo la mesa blanca y apoyó su espalda contra los azulejos, mientras esperaba que la cafetera estuviera lista. Miró a su madre.

—Podrías decir algo. —Un espeso silencio inundó la cocina.

—¿Para qué?

—Para saber qué os parece.

—Ya lo sabes. ¿Quieres que te volvamos a decir que no queremos que tires tu futuro a la basura? Ahí lo tienes. Dicho está.

—Gracias, mamá.

Helena calló. Toda la rabia la guardó dentro, muy lejos, y solo aquellos que eran capaces de escuchar el sonido de su cabeza, entendían lo que para ella significaba, una vez más, que no la apoyaran en sus decisiones. Carlos se lo había advertido: cada discusión deja un poso. Y ahí estaba ella, tomando un café amargo con un poso demasiado oscuro.

Sin embargo, aquel mediodía no sería, como se pudiera pensar, el final de su relación. Simplemente fue una tapa más que Helena atrancaba dentro de ella. Una tapa que iba dejando a su verdadero yo cada vez más alejado de sus padres. Una tapa que Helena no abriría, que se superpondría a otras anteriores y que se quedaría cubierta por otras semejantes en cualquier otra escena similar de otro día cualquiera.

2

En todos esos momentos pensaba Helena mientras miraba la pared del hotel aquel doce de mayo de 2000. Tumbada en la cama, agotada, exhausta, con los ojos a cada segundo más empequeñecidos, lo único que su cuerpo le pedía era dormir. Cerrar los ojos y despertar cuando todo hubiera pasado, cuando el cansancio se hubiera ido y sus ojos marrones pudieran brillar como antes. Pero no durmió en toda la noche. A cada instante miraba el móvil que le indicaba que ni los minutos ni las horas querían seguir el ritmo que ella deseaba.

A las cinco de la mañana el agotamiento pudo más que sus pensamientos y logró conciliar el sueño. Un sueño intranquilo del que despertó tres horas más tarde. Entonces, muy despacio, se levantó de la cama, se dio una ducha y salió a tomar el desayuno. De la cafetería que estaba situada en la planta baja del hotel, cogió lo poco que creyó que podría comer. Con mucho esfuerzo, consiguió tragar medio cruasán y un café transparente.

Demoraba el tiempo contemplando a las personas que, como ella, desayunaban. Imaginaba cómo serían sus vidas, si se parecerían a la de ella. Un matrimonio joven, tal vez en viaje de novios, imaginaba Helena. Algo más alejados, cuatro jóvenes, estudiantes compartiendo confidencias. Se habrían escapado para disfrutar de un fin de semana juntos. Al fondo del restaurante, cerca de las ventanas que mostraban la calle, un joven con traje de chaqueta y maletín de piel negra. A él sí podía reconocerlo, se parecía a sus compañeros cuando salían a una reunión importante; incluso se semejaba a ella misma sólo unos días atrás. Ahora ya no. Ya no se parecía a ella.

Helena aplazaba el momento final mirando a cada una de las personas que se paseaban por aquella cafetería de sillas y mesas de plástico. Cuánto más se demorara, creyó, más fácil sería enfrentarse a sus decisiones. Sabía lo que tenía que hacer: ir a casa, recoger sus cosas y despedirse de sus padres. Quizá no en ese orden.

Eso, o permitir que Fifín saliera ganadora y quedarse en aquel piso de ciento cincuenta metros que sus padres habían comprado cuando ella cumplió trece años.

Pero Helena no quería perder.

Regresó a la habitación, se lavó los dientes, miró la bolsa de deporte que estaba tirada en el suelo y salió del hotel con la intención de volver. Lo haría con una maleta y el resto de ropa que todavía dormitaba en el baúl del cuarto en el que ella había descansado durante años.

Cuando se subió en el coche vio que Carlos y María la habían llamado. Su teléfono móvil estaba en silencio como lo estaba toda su vida, a la espera de que en algún momento ella decidiera ponerlo en marcha. Llamó a María. Le contó lo ocurrido la noche anterior. Ella le aconsejó volver, no precipitarse, reflexionar, e incluso le ofreció su casa para que pasara unos días hasta que todo se calmara. Helena no atendía a razones. Lloraba en el asiento de su 205 rojo mientras le explicaba a su amiga cuántas y cuántas veces se había sentido incomprendida, cuántas veces les había pedido que asumieran que ella era diferente, que aceptaran sus decisiones.

Se enfrentaron a mí, incluso con Andrés... fue lo último que dijo Helena.

María, al escuchar esa frase, guardó silencio. No quería hurgar más en la herida. Mejor, de nuevo, intentar convencerla para que se quedara en su casa unos días. Nada. Helena había tomado una decisión, y ella, que conocía bien a su amiga, sabía que no cambiaría de opinión. No te vayas sin decirme adiós, le pidió.

Terminaron la llamada. Helena miró la pequeña pantalla de su Alcatel azul. Marcó el teléfono de Carlos. Al descolgar escuchó, de un tirón, cada una de las recriminaciones que esperaba que le hiciera. A él hubiera sido al primero al que habría llamado de no ser porque sabía de sobra que Fifín lo habría hecho antes que ella. Estaba segura de que mientras el ascensor bajaba del cuarto piso al zaguán, Fifín había telefoneado a Carlos.

Y estaba segura, también, de que él le había dicho a su madre que volvería antes de la cena. Por eso, que el teléfono de Carlos no apareciera en la pantalla de su móvil durante toda la noche, fue una decepción más que se apuntó Helena. Carlos, mientras, seguía hablando al otro lado, recriminándole cómo se había ido de casa.

—Nadie te ha dicho nunca que no puedas cambiar de trabajo o de vida. Papá y mamá lo hubieran aceptado al final. ¿Era necesario que te fueras?

—No me he ido, mamá me ha echado.

—No digas tonterías, Helena. Ella no quiere que te vayas, pero tú eres tan testaruda que cuando se te mete algo en la cabeza no miras atrás. Y esta vez te has llevado por delante a la mamá.

Helena no quiso decir nada. Esperó a que él acabara de hablar y después le pidió que la recibiera en casa.

Mi versión, le contestó al otro lado del auricular. Después, juzga tú mismo. Helena colgó el teléfono, lo guardó en el bolso y puso en marcha el coche en dirección a casa de Carlos.

Nada, después de lo que le confesara ella, volvería a ser como antes.

3

Helena le contó su secreto a Carlos. Después, cogió el coche y se dirigió hacia la que había sido su casa hasta ese momento. Intentaba respirar a un ritmo mucho más acompasado del que marcaba su corazón, mientras realizaba el trayecto de seis kilómetros que separaba la casa de su hermano de la de sus padres. Las manos le temblaban sobre el volante y a duras penas conseguía mantener la concentración.

Cuando logró llegar, aparcó al lado de la vía del tren y se quedó inmóvil sentada en el asiento, con las manos metidas debajo de los muslos y sin pensar. Miraba al infinito, a la nada, mientras en su cabeza se amontonaban las imágenes del último día. Y así, completamente descolocada, igual que quienes no esperan el golpe fatal que acaban de recibir, salió del 205 rojo y se dirigió al portal de su casa.

Jaime Sabater y Fifín Beneyto vivían con sus hijos en una casa de cinco habitaciones, un comedor salón que comunicaba con la cocina, un baño y un aseo, en el cuarto piso de un edificio de seis plantas, donde se habían instalado un diciembre de 1986. En el cerrojo de esa misma finca, ahora con veintiséis años, metió la llave Helena, subió los cinco escalones de mármol que separaban la entrada del ascensor y apretó al cuatro. Como tantas otras veces, se colocó frente a la puerta número siete, y solo entonces se dio cuenta de que tal vez debía llamar, tal vez ya no podía utilizar las llaves como había hecho hasta ese momento. Qué caprichosa es la vida, se decía Helena, nunca te das cuenta de todas las cotidianeidades hasta que dejan de serlo.

Allí estaba ella, delante de la puerta y segura de que si no pedía perdón, si Fifín no la retenía, nunca más volvería a utilizar el llavero con aquel oso de metal al que le faltaba una pierna. Lo miró. Cada vez que llegaba a casa, lo dejaba dentro del cenicero de cristal que había sobre el tresillo de la entrada. Esa era la rutina de las cuatro personas que habían vivido allí: dejar las llaves en el cenicero antes de seguir por el largo pasillo de la derecha que conducía a las habitaciones.

—Tengo que comprarme uno nuevo, ya lo sé —le decía a Carlos cada vez que él se burlaba de aquel objeto, que una vez le compró por Navidad.

—¿En serio vas a tirar el llavero que te regalé?

—Si me acabas de decir que está hecho polvo.

—Haz lo que quieras, claro; si piensas tirarlo, tíralo. —Reía.

—Pero si es que el osito tiene una pierna rota.

—Como le falta una pierna, lo vas a tirar. En cuanto veis algo con defecto, lo lanzáis a la basura.

Carlos reía por lo absurdo de la conversación, pero Helena jamás se deshizo de aquel llavero. Ya no le importó que estuviera roto o viejo, porque cada vez que lo veía recordaba cuánto la hacía reír su hermano. Frente a la puerta de su casa pensó qué haría con él, dónde lo guardaría, si debía dejarlo en el cenicero de cristal o debía llevárselo. Si debía lanzarlo a la basura y no volver a acariciarlo en la oscuridad de su bolso.

Helena entró en casa. Fifín y Jaime estaban sentados en el sofá del comedor. Ella con los ojos rojos, él con el semblante serio. Se acercó hasta ellos y les dio un beso. No sabía hacer otra cosa. Quizá era la única forma que Helena tenía de pedir perdón, tal vez era un grito callado para que Fifín le dijera que no se marchara, que se quedara. Sin embargo, los besos que recibió fueron fríos. Nadie hablaba.

Se dirigió hacia la pared donde estaba la estantería de madera, que le habían comprado sus padres para que pusiera los libros que había adquirido con el paso de los años. Ese había sido su regalo cuando se licenció. Fifín y Jaime tampoco sabían expresar cuán orgullosos estaban de su hija, aunque encontraron una forma de hacerlo y fue regalarle algo con lo que ella llevaba tiempo soñando: una gran estantería de madera para tapar esa pared blanca, les había pedido. Y cuando llegó con su licenciatura, con ese premio extraordinario de final de carrera, se encontró con una tapando la antigua pared.

Ahí había refugiado cada uno de sus libros. Ahora los miraba, con lágrimas rodando por sus mejillas, esperando que algo ocurriera, que alguien hablara, que Carlos llamara, que la salvaran de lo que iba a hacer a continuación.

Nada. La nada. El vacío. Así se sentía el amplio comedor en el que, distanciados, Fifín, Jaime y Helena terminaban para siempre. Voy a coger algunos libros, se escuchó decir. Nadie contestó.

Helena se quedó mirando sin saber cuáles eran los que más le importaban. Algunas veces, con su amiga Paula, había jugado a eso, a elegir unos cuantos libros, los más importantes, esos que salvaría si algo ocurriera. Un incendio, decía Paula. Si hubiera un incendio en tu casa y tuvieras que sacar solo un libro, ¿cuál escogerías? Helena dudaba mucho hasta que optaba por uno, pero siempre creyendo que era una contestación anodina, sin importancia, porque nunca tendría que decidir.

Sin embargo, ahora, delante de la estantería de madera, debía hacerlo, debía elegir cuáles eran esos libros que la acompañarían. Sin pensar demasiado, acabó por tomar los que tenía frente a ella. Fifín y Jaime seguían sin hablar. Salió del comedor y se fue hacia su habitación. Pasó por delante del despacho que había empleado Carlos para diseñar altos edificios, por la habitación que su madre utilizaba para coser, por la de Carlos. Pasó por cada una de esas estancias pensando si alguna vez volvería a realizar ese recorrido.

Entró en su habitación. Tomó la maleta que guardaba arriba del armario de cuatro puertas y cogió el resto de ropa que había dejado la noche anterior. Después, abrió el arcón que tenía bajo la ventana y sacó la de invierno. Todo no cabía en aquella maleta azul de escasas dimensiones. Rebuscó en los armarios de la cocina hasta que encontró unas cuantas bolsas. Dentro, metió lo que quedaba de ropa. Cerró el baúl, ya vacío.

Mientras recogía cada una de las piezas pensaba en la cantidad de frases que podría decirles a sus padres para que supieran lo equivocados que estaban, pero no abrió la boca y calló hasta donde el silencio se convierte en pensamiento. Helena, esa mañana, no dijo nada. No se paró ni un solo segundo a analizar lo que iba a pasar. Ella, tan racional y tan poco visceral, había activado su rasgo más instintivo como si fuera un animal acorralado. No había vuelta atrás. Porque Helena, si creía tener razón, nunca volvía atrás.

Antes de salir del cuarto, lo miró sólo unos segundos porque no quiso recrearse en la imagen que estaba viendo y en lo que significaba. Las estanterías seguían teniendo sus fotos. Se fijó en la de María y la cogió. Se la metió como pudo en la bolsa que llevaba en la mano y salió de allí, del lugar que había sido su refugio durante casi catorce años. Dejó todas las cosas en la puerta de casa y entró en el comedor. Fifín y Jaime estaban en el mismo sitio. Sin hablar.

Helena solo fue capaz de decir una cosa: me marcho.

Por respuesta, obtuvo más silencio.

4

Cuando llegó al hotel, Helena no se molestó en sacar las cosas del maletero. Subió a la habitación y se tumbó en la cama. Miró al techo. Su mundo se había derrumbado y ahora solo le quedaban dos opciones: seguir adelante o pararlo todo.

Ella jamás se había planteado que morir fuera algo que pudiera sucederle, o lo que era peor, que quisiera que le sucediera. Tal vez de vieja, seguro, claro; pero no antes de los treinta. Allí tumbada, sin embargo, se preguntaba si cambiaría algo si no existiese. Si muriera. Si las personas que formaban parte de su vida la echarían de menos. Nadie es imprescindible, le decía Andrés siempre; y ahora, más que nunca, creía que él tenía razón.

Se hundió pensando en esos interrogantes, en la muerte y en la capacidad infinita que tienen los seres humanos para seguir viviendo aunque no haya nada por lo que vivir. Pensó en Carlos, María, Olga, Penélope, sus padres, sus compañeros de trabajo... Tal vez las primeras semanas, incluso los primeros meses, pero después todos volverían a sus vidas y caería en un eterno olvido. Pronto dejarían de hablar de ella, se acostumbrarían a su ausencia y en unos años nadie se acordaría de Helena Sabater. La abrumó saber que ese era su futuro: ser olvidada. Se acurrucó dentro de las sábanas, abrazó la almohada y lloró hasta que se le agotaron las lágrimas.

Despertó de un sueño que no había programado cuatro horas más tarde cuando sonó el teléfono. María salía del trabajo y se dirigía hacia el hotel en el que ella se escondía. Podemos tomar algo en el centro comercial, le dijo. A Helena le pareció bien. Qué más daba un lugar que otro para decir adiós.

Al colgar, recordó cómo había conocido a la que ahora era su mejor amiga. Hacía de aquello seis años ya; seis años desde que las dos se unieran, para siempre, en un gimnasio de barrio. Las conversaciones en la ducha tras la clase de las ocho, se convirtieron en desayunos interminables que obligaron a Helena a poner excusas cuando llegaba tarde a la oficina donde trabajaba con su padre desde hacía unos meses.

En octubre de 1993, mientras Helena Sabater paseaba con ojos felices por la avenida universitaria al lado de Andrés López, un joven al que acababa de conocer, María Andreu dejaba su trabajo, porque no soportaba más ser la que sacaba adelante la empresa de saneamientos, mientras su jefe se limitaba a pasar por la oficina a recoger los cheques que ella iba peleando día tras día. Una mañana de ese octubre, María se levantó con ganas de enfrentarse al mundo, pero sobre todo a Luis, y decidió que si él iba a la oficina le diría que se marchaba. En el fondo, tal vez, María rezó para que no fuera, para que, como tantas otras veces, él se hubiera ido de viaje con alguna de todas las amantes que tenía desde que falleciera su mujer. Sin embargo, el destino quería que empezara una nueva vida y Luis, su jefe, se acercó a la empresa a recoger el dinero.

María, sin saber muy bien de dónde tenía que sacar las fuerzas para decirle a ese hombre que se iba, rebuscó en lo más recóndito y se largó. Después, decidió que montaría su propia empresa. Había conseguido ahorrar mucho dinero, y no porque no le gustara salir y gastarlo, sino porque los horarios interminables en la oficina la dejaban exhausta y lo único que se permitía era dormir. Los fines de semana se los pasaba metida en casa organizando todo el trabajo de la semana siguiente, los viajes que tendría que realizar el próximo mes y toda la compra mensual que debía hacer si quería tener algo que echarse a la boca cuando llegara a las diez de la noche a casa. La mayoría de veces, por eso, se limitaba a comprar comida precocinada que después calentaba cinco minutos en el microondas, mientras tiraba al suelo la ropa del día y se ponía un pijama viejo, pero demasiado cómodo como para deshacerse de él.

Esa era toda la vida que había llevado María hasta que dejó para siempre a Luis. Pensó entonces que se merecía unas vacaciones, un descanso de la vida anterior, e hizo todo lo que había soñado durante años antes de emprender una nueva historia: se cocinó diariamente comidas caseras, cenó con sus amigos y viajó durante más de un mes por todo el Mediterráneo. Cuando ese viaje terminó y volvió a casa, pensó que tenía que seguir cambiando de costumbres y decidió que, por fin, volvería a hacer deporte.

María se apuntó a un gimnasio menudo, situado a diez minutos de su casa, en una calle estrecha que lindaba con el casco antiguo de su pueblo natal. Y allí, haciendo deporte, conoció a Helena. Del escueto saludo mañanero a las confidencias mientras ambas se vestían tras la ducha pasaron unas semanas. Y de ahí, a tomarse un desayuno tranquilo después de la clase, mientras dejaban correr el tiempo, solo dos meses.

Pero Helena, a diferencia de María, sí tenía una vida a la que hacer frente, aunque tampoco le interesara demasiado. Desde que comenzara la facultad con horario de tarde, su padre, jefe de ventas de la empresa de construcción Sanscor, quien no contemplaba la posibilidad de que su hija hiciera carrera filosofando, le ofreció un trabajo de media jornada en su despacho, en la empresa en la que llevaba trabajando más de treinta años. El mismo empleo que le había ofrecido incontables veces y que Helena siempre había rechazado.

Jaime nunca quiso tener una secretaria para él solo como el resto de sus compañeros, pues no le gustaba que nadie le organizara sus jornadas de trabajo. Solo él sabía, según los proyectos que se estuvieran manejando en ese momento, a qué clientes era más interesante visitar o con quién negociar. Ese fue el motivo por el que, cuando propuso a sus jefes que Helena colaborara con él, no le pusieron objeciones.

Ella solo tenía que ir de diez a dos a ayudar a su padre en la organización de la agenda, en sus reuniones y en las visitas a las empresas con las que colaboraban; pero Helena, a la que poco le importaba aquel trabajo, había acabado por cambiar ese horario por el de once a tres para poder desayunar con María antes de meterse en un despacho. Jaime, una y otra vez, le recriminaba que no acudiera a las horas pactadas, pero ella siempre le contestaba que no era tan importante a qué hora organizaba una reunión o un viaje. Y su padre, que sabía cómo podía ser de tozuda Helena, cedió a los deseos de su pequeña.

Ya habían discutido suficiente. Ahora ya no le quedaban fuerzas para seguir con una batalla que sabía perdida desde el principio. Jaime admiraba en exceso a Helena, aunque no lo reconocería jamás delante de su hija, pues si se proponía un objetivo, aunque el mundo se le cayera encima, ella lo sacaba adelante. Así pues, acabó por aceptar que Helena acudiera al trabajo a las once, aunque eso supusiera, la mayoría de las veces, que él tenía que organizarse las primeras horas de la mañana. Porque también era cierto, que desde que Helena había comenzado a tratar con algunos de sus clientes, siempre conseguía mejores ventas que Jaime.

María y Helena se reían más de una vez cuando comentaban ese aspecto. Helena le decía cómo lograba que los clientes de su padre acabaran comprando más de lo esperado. Le contaba cómo, en las conversaciones que mantenía por teléfono o en las reuniones a las que acompañaba a Jaime, ella les convencía de que cuanto más compraran más venderían a sus clientes. Ellos, no sabían por qué, cedían ante las palabras de la hija del que, hasta aquel momento, había sido su comercial por excelencia.

Ahora, seis años después de conocer a su amiga, Helena no trabajaba con Jaime sino que lo hacía con María, quien decidió, al fin, montar su propia empresa en Castellón. Y Jaime, que no podía ofrecerle un cargo de tanta responsabilidad a Helena, acabó por marcarse un triunfo bajo la odiosa frase: «Ya te lo dije».

Aunque María ahora fuera la jefa de Helena, su amistad no había cambiado. Muy al contrario, se habían convertido en inseparables; tanto, que no pasaba un día en el que no se escaparan quince minutos para tomarse un café después de salir del trabajo. A veces esos quince minutos se convertían en una hora porque siempre tenían mucho que contarse. En ocasiones hablaban del trabajo, pero otras acababan comentando las relaciones de María, porque de Helena y de su relación con Andrés, aunque no lo hubieran dicho nunca en voz alta, ya habían dejado claro que no se podía hablar.

Helena disfrutaba de esos cafés en el bar, pero miraba demasiado el reloj que le había regalado Andrés por su aniversario. Un reloj de pulsera blanco y azul de una marca conocida porque, según decía él, tú te lo mereces todo. María se daba cuenta de la cantidad de veces que su amiga miraba las manecillas, y en más de una ocasión le había dicho que tenía que dejar de ser tan condescendiente con él. Aunque Helena, como siempre, cortaba esa conversación.

A ella le gustaba estar con María, reírse de cada uno de los viajes, de cómo se habían plantado delante de un hombre, en un país donde las mujeres no cuentan, y le habían obligado a que fuera una mujer la que firmara todos los documentos de un negocio futuro. Reían de eso, y de cómo el traductor del país las miraba sin saber bien qué hacer cuando el dueño de la empresa le hablaba a él como si fuera quien tuviera que tomar la última decisión.

Se contaban los viajes que hacían juntas como si los hubieran hecho separadas, se confesaban cada minuto del fin de semana que no habían compartido, aunque Helena, siempre, acabara mirando el reloj incesantemente y sintiéndose culpable. Mucho más, desde que un día mintiera a Andrés y le dijera que había tenido una reunión de última hora, cuando lo cierto era que había terminado de trabajar dos horas antes de lo previsto.

Después de la mentira se sintió culpable, porque Andrés la había estado esperando en casa una hora mientras ella se reía con María.

5

En todas esas cosas pensaba Helena mientras esperaba a su amiga en el hotel sintiendo en su cuerpo más frío del que ella acostumbraba. La vio llegar y aparcar. Se levantó del sillón negro de piel que había en la recepción y fue hacia María. No se dijeron nada. Sus miradas lo hablaban todo. Helena sentía un dolor insoportable en el estómago; y María, el mismo dolor, pero en el pecho.

A las nueve de la noche, las dos amigas estaban sentadas una frente a la otra, sin hablar, pese a que ya habían pedido dos pizzas y una botella de vino.

—Quédate en mi casa, Helena. Espera a que pasen unos días y después, si quieres, te vas. —Por fin una de las dos se decidía a conversar.

—Podríamos haber elegido un restaurante mejor para nuestra última cena.

—Te gusta demasiado la pizza como para ir a otro sitio. No cambies de tema. Contesta a lo que te he dicho.

—Quieres que me quede.

—Lo que quiero es que no te precipites.

—¿Sabes que la pizza cuatro quesos es mi preferida?

—Lo sé casi todo de ti.

—Sabes de mí más cosas que yo misma.

—No creo. Y has vuelto a cambiar de tema.

—Aunque los bordes están un poco quemados.

—¿Dónde piensas ir?

—Al Pirineo.

—Vas a hacer una locura. Quédate aquí, búscate un piso si no quieres vivir con tus padres, pero no te vayas. No dejes todo por una pelea.

—¿Sabes que nadie se dio cuenta?

—No vuelvas a eso.

—Hoy se lo he confesado a Carlos. —Un silencio envolvió a las dos amigas.

—¿Qué te ha dicho?

—Que se lo tendría que haber contado antes. ¡Qué más da! Ahora que todo volvía a estar en su sitio...

—Puedes volver a colocarlo, si quieres —cortó María—. Te digo esto porque eres mi mejor amiga: no te vayas. Te vas a arrepentir en cuanto salgas de Valencia.

—Me encantó el Pirineo cuando estuvimos juntas. Es un buen sitio para vivir.

—Odias el frío, no conoces a nadie, no tienes casa... —Calló al decir esto último.

—No te preocupes. Aquí siempre podría vivir contigo, con Carlos, pero allí será mejor.

—Odias el frío, no conoces a nadie... —repitió María.

—Me acostumbraré. Seguro que enseguida conoceré a alguien. Además, será bueno estar un tiempo sola. Pensaré qué hacer con mi vida.

—¿Y Penélope? —María no sabía qué más argumentos utilizar para que Helena no se marchara.

—La voy a echar de menos. A la que más. —Guardó silencio. Las lágrimas comenzaron a correr por sus mejillas. Ni las dos copas de vino que se había bebido habían conseguido que se le pasara la pena—. ¡Qué mierda! —estalló—. Llevo siete putos años de mierda. La única alegría ha sido Penélope, verla nacer, escucharla balbucear. Y ahora esto.

—No sé cómo decírtelo más, pero puedes quedarte. Se te ha metido en la cabeza marcharte y te estás olvidando de que tienes otras alternativas.

—¿Qué hago aquí? Cuando llegue el verano y se vayan a la playa todos juntos, ¿qué hago? Porque mis padres estarán con Carlos.

—Puedes quedar con él en otro sitio; no hagas una montaña...

—¿Crees que estoy exagerando, que no tengo motivos?

—No he dicho eso, Helena. Te repito, una vez más, que puedes quedarte, o al menos no irte tan lejos, hay sitios más cercanos, no hace falta que te vayas a cuatrocientos kilómetros. Puedes buscar un piso cerca de donde tenemos la nave, seguir trabajando y continuar con tu vida casi como hasta ahora.

—No tengo ganas de todo eso.

—Pues no trabajes.

—Estoy cansada, ¿sabes? Creo que no me he portado mal con la vida y mira cómo se porta ella conmigo.

—¿En serio? No digas tonterías. La vida no te ha tratado mal, solo te ha puesto una zancadilla. Sigues teniendo, aunque ahora estés frustrada y enfadada, a tus padres y a Carlos. A Olga, a Penélope, a mí. Aunque no lo creas, puede que todo pase, tal vez algún día vuelva a ser como antes, vuelvas a estar con ellos. Yo nunca tendré esa oportunidad.

—No quería... Lo siento.

—Da igual. Fue hace tiempo; pero no olvides que tú los tienes.

Helena guardó silencio mientras recordaba cuántas veces habían hablado sobre aquella enfermedad. Un cáncer se la llevó después de dos años peleando, era la expresión que utilizaba su amiga. Y mi padre, continuaba María, se fue con ella porque era lo que más quería en este mundo.

—Y aún así sigues sonriendo. —Helena admiraba a María por su fortaleza—. Te lo he dicho mil veces. Me sorprende que tengas esa capacidad para sonreír, para reírte, cuando podrías vivir en un enfado continuo. Mi madre, en cambio, siempre se está quejando de la vida.

—Pero está aquí, aunque se queje. Y por muy enfadada que estés, sigue siendo tu madre.

—Ya. En tu caso no hay marcha atrás.

—Exacto. Hazle caso a tu amiga por una vez. Vete si quieres, diez días, quince, lo que necesites, y después vuelve. Descansarás y lo verás todo con otra perspectiva.

—Probablemente tengas razón.

—Siempre tengo razón.

María rio porque creyó que la había convencido para que no se marchara. Helena, en cambio, se limitó a sonreír. Después hizo una seña al camarero para pedirle la cuenta.

—Hoy pago yo. Te invito. Por estar aquí, por aguantarme y porque, aunque no te haga caso, siempre te tengo a mi lado.

María la miró y supo entonces que su amiga no tenía pensado quedarse, que había tomado una decisión y que nadie iba a hacerla cambiar de idea. Cuando salieron del restaurante anduvieron hacia el hotel en silencio. No se dijeron nada más hasta que llegaron al coche de María.

—Joder, Helena, no me hagas esto.

—Nos veremos pronto, ya verás.

—No sabes mentir.

—Lo sé.

Helena lloraba sin disimulo. Siempre había sido así con María, desde que se conocieron. Nunca hubo secretos entre ellas, nunca hubo unas lágrimas que disimular ni una risa que ocultar. Fueron sinceras, desde el inicio, la una con la otra, y eso era algo que Helena sólo tenía con María.

Se abrazaron fuerte, con lágrimas, porque las dos sabían que algo iba a cambiar, que se habían acabado para siempre los viajes juntas, los cafés después del trabajo y los fines de semana encerradas en el piso de María viendo películas hasta las cinco de la madrugada.

Se acababa para siempre todo, y las dos lo sabían.

No creí que pudiera quererte tanto

1

Helena acababa de cumplir los dieciocho cuando entró por primera vez en la universidad. Esa mañana se levantó temprano, se hizo el desayuno y fue en busca del tren, que hacía temblar cada una de las copas de la vitrina del comedor. Salió de casa con unos vaqueros rotos, un suéter azul que le había regalado su madrina por el cumpleaños, y unas zapatillas. En la mochila de tela marrón se escondían unos folios, todavía en blanco, un estuche de metal redondo y un monedero que guardaba mil pesetas... por si te pasa cualquier cosa. Esas eran las palabras exactas que había utilizado Fifín la noche anterior a su entrada en la universidad.

Al llegar a la estación compró un billete mensual y esperó ansiosa la llegada del tren. Un procedimiento poco habitual en Helena, quien salía de casa siete minutos antes de que la máquina hiciera su parada reglamentaria. Sin embargo, como aquel día era especial, merecía la pena aguardar en el andén mientras la incertidumbre y la alegría se mezclaban en su interior a partes iguales.

Por fin, a lo lejos, escuchó un rumor y, casi al mismo tiempo, el sonido de las barreras al bajarse. Subió. Buscó con la mirada un asiento y permaneció inmóvil en él mientras realizaba el trayecto. Intentó leer para distraerse, aunque tuvo que repasar cada párrafo unas tres veces porque a cada instante su imaginación volaba a la universidad. Había estado allí antes, en el mismo lugar en el que pasaría los siguientes cinco años, entregando su matrícula. En cada una de las asignaturas que había elegido se acompañaba el nombre de los profesores que las impartirían;

aunque nada sabía de aquellas personas ni tampoco de cómo serían sus compañeros. Un cierto nerviosismo se apoderó de Helena.

Llegó a la estación de destino. Bajó al andén y caminó en el mismo sentido que el resto de viajeros buscando la salida. Fuera, el fresco del otoño se proyectaba sobre los árboles de la acera. Todavía tendría que andar unos veinte minutos hasta la universidad. Podía coger el autobús cercano a la estación de tren, pero a Helena le gustaba andar, especialmente si la temperatura era tan agradable. Ya tendría tiempo cuando llegara el invierno de resguardarse en el autobús.

Aquel primer día se permitió caminar despacio y disfrutar de esa inquietud que residía en su cuerpo. Anduvo en dirección a la Alameda y cruzó al otro lado hasta llegar a la gran avenida colmada de edificios universitarios. Buscó la suya. Filosofía. Pese a la negativa de Fifín y de Jaime, Helena había seguido con su propósito y allí estaba, frente a la verja negra que daba acceso a un edificio de dos plantas.

Le agradó encontrar, antes de las escaleras de piedra, un amplio jardín donde pudo ver a universitarios como ella saludándose tras el largo verano. Se imaginó así, recostada en la hierba fresca, conversando con compañeras sobre las clases, los profesores, los futuros exámenes, las siguientes vacaciones escolares.

Cruzó el patio de piedra y mármol y subió los tres escalones que conducían a un amplio hall. Le pareció estar entonces en el ágora, o al menos así lo percibió ella. Dos escaleras a cada lado daban acceso al piso superior donde estaban las aulas. El suelo oscuro contrastaba con el verde que acababa de contemplar Helena. Subió los veintidós escalones y buscó por el amplio corredor su aula.

Todo era nuevo. Todo era perfecto. Nada podía salir mal en aquel edificio centenario.

Ahora, dos años después, Helena poco recordaba de ese primer día. Lo que durante un tiempo fue novedoso, inquietante y sorpresivo se convirtió en rutina. Cada día se despertaba a las seis y cuarto, remoloneaba en la cama durante veinte minutos y después se levantaba. Tomaba el desayuno, siempre el mismo, tostada de aceite y un café, mientras andaba por la casa; después, se vestía. A las siete y cuarto, justo cuando ella iba a marcharse, por la puerta de sus respectivas habitaciones aparecían Carlos y Jaime, que se preparaban para enfrentarse a otra jornada en Sanscor. Helena les daba un beso y, acto seguido, salía de casa en busca del tren que la llevaría, un día más y a la misma hora, hacia la universidad.

Tenía muchas amigas en aquel edificio, tantas, que ocupaban dos filas de aquellas mesas corridas de madera, demasiado incómodas como para mantenerse quietas durante tres horas seguidas. En esas clases dejaban pasar el tiempo, a golpe de apuntes taquigrafiados que resultaban casi incomprensibles, Lidia, Diana, Ana, Sandra, Chelo, Nuria, Maite, Irene, Ana Belén, Virginia y Montse. Con la mayoría de ellas coincidía en las asignaturas elegidas y compartía cafés a media mañana, almuerzos por los pasillos entre clase y clase, y alguna comida a las dos antes de encarar la tarde, que se envolvía en la misma inercia que la mañana: vuelta a casa, siesta, revisión de apuntes, ahora convertidos en material de estudio, ducha, cena y dormir.

Así había sido la rutinaria vida de Helena desde que un octubre de 1991 entró en la facultad de Filosofía. Nada que reseñar de aquellos años en los que se limitaba a estudiar y a estudiar sin más premisa que sacar las mejores notas de su promoción; y, de alguna manera, demostrarles a Fifín y a Jaime cuánto se equivocaron al oponerse a su elección. Sin embargo, ni aquel brillante expediente consiguió que sus padres se convencieran de que Helena había hecho lo correcto. Por eso, en más de una ocasión, Jaime le había ofrecido a su hija la oportunidad de trabajar con él de secretaria.

—Me vendría bien una ayuda en el despacho. Tengo muchos clientes y me cuesta atenderlos en condiciones.

—Que te pongan una secretaria como a los otros jefes.

—Tengo a Patricia que coge las llamadas, pero necesitaría a alguien más. Una persona que me organice las reuniones, hable con los clientes, me ayude con los pedidos.

—¿Eso no lo puede hacer Patricia? No parece tan complicado.

—Necesito a alguien que conozca algo del negocio, hija, que haya crecido con él.

—Yo soy esa persona.

—Pues sí, Helena, eres esa persona. Carlos está asumiendo cada vez más responsabilidades dentro de la empresa y tú podrías hacer igual.

—Y dejar de estudiar, claro.

—No sería necesario. Podrías ir a clase por la tarde y trabajar conmigo por la mañana. A las dos habrías terminado.

—Ya lo sé, papá. Tú te acoplarías a lo que yo necesitara, porque lo que te gustaría es que tu hija pequeña siguiera en el negocio, como Carlos. Pero no quiero. Si trabajara no podría sacar las notas que tengo ahora, porque no tendría ni un minuto para estudiar. Que te contraten a alguien.

Jaime no sabía qué más hacer para que Helena entrara en la empresa. Fifín y él solo querían lo mejor para sus hijos y veían que Helena había tirado dos años estudiando una carrera con la que Jaime no podría colocarla en Sanscor. Él, que tanto peleó por llegar a ser jefe de ventas, y su hija terca por estudiar algo que nunca le serviría.

Fifín, a veces, intentaba delante de Jaime apoyar la decisión de Helena. Quizá, le decía, acabe la carrera y consiga aprobar una oposición. Otra cosa no podrá hacer, pero si llega hasta ahí, al menos, tendrá un empleo seguro. Jaime, entonces, abrazaba a Fifín en la cama. Si no, yo le buscaré un sitio en la empresa, terminaba por decirle mientras le tocaba el pecho por debajo del camisón. Podrá vender alguna de las promociones inmobiliarias y sacarse un buen sueldo.

Jaime intentaba convencerse a sí mismo al tiempo que acariciaba el muslo de su esposa. Fifín le apartaba la mano como si la conversación, repetida hasta la saciedad durante la noche, fuera demasiado seria como para aceptar la caricia. Después, si Jaime insistía, ella se removía en la cama y se acercaba más a él. Ese era el preludio a un tiempo de caricias que, con cada año que pasaba, se hacía esperar más.

Helena, mientras, dormía en la habitación de al lado esperando que otro día la rutina se impusiera a su vida. Una rutina de la que ella renegaba infinitas veces, pero de la que no sabía cómo salir sin hacerle daño a su expediente. A veces pensaba que trabajar con su padre sería una forma de evadir ese automatismo; aunque acceder a la propuesta de él sería como aceptar que Jaime tenía razón y ella estaba equivocada.

Y todavía era demasiado pronto para que Helena admitiera esa posibilidad.

2

Cumplió veinte años Helena un cinco de septiembre de 1993 y ese día el inmovilismo cayó en su cabeza como una losa. De eso habló con Paula, su amiga del instituto, con la que había celebrado su cumpleaños el día anterior.

—No soporto que no me pase nada. Todos los días hago lo mismo: levantarme, ir a clase, comer, estudiar, cenar, dormir... Un día tras otro, un día tras otro.

Paula le contestaba que la rutina era tranquilidad y que no era necesario vivir en una montaña rusa como a Helena le gustaba.

—Sí, pero algo de acción nunca viene mal.

—También de tanto subir y bajar por la montaña te cansarías.

—Siento que mi vida es un aburrimiento. Mañana cumplo veinte años y todo sigue igual que cuando tenía dieciséis.

—Bufff. Te ha entrado la crisis de los veinte.

—No te burles. En serio. Al menos a los dieciséis salía, bebía cerveza, conocía gente, iba de fiesta e incluso me enrollaba con alguno de nuestros compañeros.

—¿No te cansaste también de aquello? Porque tú misma me decías que estabas harta de salir todos los fines de semana como si fuera una obligación.

—Pues ahora lo echo de menos. Cuando salgo voy al cine, tomamos una copa de vino, cenamos y a casa. No recuerdo la última vez que salí de fiesta. Parece que vaya a cumplir sesenta en vez de veinte.

—Pero tú querías tener un expediente brillante.

—Para entrar en la universidad. Y ahora ya estoy allí, ¿y? Más de lo mismo.

—Te encantaba esa pose de intelectual que fingías.

—Sí. Y cambié blanco por negro. Salir de fiesta por estudiar, beber cerveza por agua o café para no dormirme, y enrollarme con los compañeros por vivir encerrada yo solita.

—Ahora te aburre eso.

—No es que me aburra estudiar, pero sí hacer siempre lo mismo. Mírate tú. Sales con Lucas, os habéis comprado un piso, tenéis un plan de futuro.

—¡Pero si a ti no te gusta tener un plan!

—Ya… Me estoy contradiciendo, ¿no? —Rio Helena.

—No sabes ni lo que quieres. Creo que te has aburrido de la carrera y no te atreves a reconocerlo.

—No, de verdad. Me encanta Filosofía, aunque no sé qué haré después. Qué quieres que te diga, a los veinte es como si tuvieras que tener algo, ¿no? Y yo no tengo nada.

—No sé por qué tiene que ser a los veinte y no a los treinta o a los veinticinco. Si tanto te gusta la montaña rusa, espera a acabar de subir y ya sentirás en algún momento la locura de bajar.

—¿Ves? A eso me refiero. A la locura de bajar. ¿Sabes lo que más miedo me da? Que sea este mi plan: acabar la carrera, preparar una oposición, aprobar e ir todos los días al mismo instituto a trabajar. Así, hasta que me jubile. Eso es lo que esperan mis padres que haga y yo no podré soportarlo.

—Sí que estás de crisis, sí. —Rio Paula—. Y eso que solo vas a cumplir veinte. Cualquiera te aguanta el día que cumplas cuarenta.

—Qué pesadez, ¿no? No me aguanto ni yo.

—¿Sabes qué te digo? Que podríamos salir a tomar algo esta noche y buscar algún pub para bailar, beber y reírnos… Y así sales de casa y alegras esa cara. —Paula se burlaba de su amiga.

Helena aceptó el plan, porque hacía tanto tiempo que no salía que se permitió ese pequeño cambio. Durante el verano había estado en una academia estudiando alemán, porque se recomendaba en la universidad que lo hablaran con fluidez, y Helena había acatado aquella orden sin dudarlo y había decidido sacrificar el verano para aprender un idioma nuevo. Por eso creyó que, por un día, podía darse una tregua, permitirse salir, beber y reír como el resto de sus compañeros, sin pensar en las notas, sin aislarse del mundo. Sí, había llegado el momento de frenar, de permitirse la risa por la risa.

Pero esa tarde del cinco de septiembre, después de una noche de demasiada fiesta con Paula y Lucas, demasiado alcohol y demasiada risa, se sentó a la mesa de madera para celebrar su cumpleaños con Jaime, Fifín, Carlos y la tía Claudia, su madrina. Lo hizo, además, con una actitud desconocida hasta para ella. Mientras comían empanada de pisto sonó el timbre de la puerta. Era Olga. Entró, felicitó a Helena y se sentó al lado de Carlos después de darle un beso. Los dos se miraban de forma cómplice y Helena pensó si encontraría a alguien así.

La mesa se quedó vacía de comida. Llegaba el momento de traer la tarta, pero justo en el instante en que Fifín se levantaba para sacarla de la nevera, se escuchó en aquella sala:

—Olga y yo vamos a casarnos.

Las felicitaciones se superponían unas sobre otras y todos estaban realmente felices por ese cambio.

—Siento haberte robado el protagonismo, pero nos hacía mucha ilusión contároslo —le dijo Olga a Helena.

—No pasa nada. Es el mejor regalo, aunque voy a echar mucho de menos a Carlos.

—Eso es lo que tendría que hacer ella: buscarse novio y casarse. —Helena no contestó a las palabras de su madre.

—¿Quién va a aguantarla, mamá?

—No me apetece tener novio. Mejor salir y pasarlo bien.

—¿No lo dirás por ti? —le recriminó Carlos.

—Por ella, por ella —cortó enseguida Jaime—. A las cuatro de la mañana llegaba anoche.

—Pues igual a partir de ahora es lo que hago.

—Hija, no tienes punto medio, o no sales o no entras —concluyó Fifín.

—Déjala, que mi hermanita se va a quedar ciega de tanto estudiar.

—Bueno, ya está bien de meteros conmigo que hoy es mi cumpleaños. —Helena no quería seguir con aquella conversación—. ¿Sacáis mi tarta o qué?

Fifín fue a por el pastel. Mientras cruzaba la puerta que unía la cocina con el comedor, Helena pensó que esas meriendas de aniversario eran las que más le gustaban. Esos días en que todos estaban juntos, reían, hablaban, se contaban historias pasadas, proyectos. Esos días eran perfectos para ella. Días de familia alrededor de una mesa de comida preparada por Fifín con la ayuda de Carlos, o de Helena, si podía echar una mano. Jaime, mientras todo se cocinaba, iba a por los regalos, preparaba la mesa y colocaba cada uno de los objetos como si se tratara de una obra de ingeniería. Así era él: todo calma y medida. Así era él, excepto cuando su hija no atendía a razones que, en los últimos años, era lo habitual.

Helena pensó en todo eso mientras veía a Fifín aparecer con la tarta entre las manos, con una sonrisa y cantando. Los ojos verdes le brillaban de forma especial, como casi siempre. Por eso, si algo iba mal, solo hacía falta escudriñar un poco en su mirada. Helena se fijó en Carlos y en Olga que no le quitaban los ojos a la tarta. También los veía felices. Intentó fotografiar con su retina ese momento mágico y sintió que la invadía un halo de nostalgia no sabía bien por qué.

La tarta ardía delante de ella con sus veinte velas y todos la animaban para que las apagara de una vez. Nos vamos a comer la tarta con cera, le gritaba Carlos. A ella, pese a que no creía en cosas mágicas, siempre le hizo gracia aquello de pedir un deseo al soplar las velas; y en cada cumpleaños, se reía mientras de sus labios salía una ligera exhalación.

Aunque aquel año parecía diferente. Se lo había dicho a su cabeza, una y otra vez, durante toda la mañana: divertirme y salir. Pero cuando se vio frente a la tarta, con aquella fotografía familiar en su cabeza, solo fue capaz de decirse a sí misma: quiero encontrar a alguien que me cambie la vida.

Después, sopló.

Helena se sorprendió de la mala pasada que le había jugado su cerebro, porque en ningún momento pensó en encontrar a alguien con quien compartir su vida como ahora hacían Carlos y Olga. Ella no creía en el amor para siempre. Además, en esa falsa vorágine en la que le gustaría vivir, no cabía una pareja. Sin embargo, estaba comiendo el pastel de chocolate y nata que había hecho Fifín con la receta de su abuela, y pensando que lo único que su cabeza le había pedido en ese momento era tener una familia como la que acababa de fotografiar en su memoria.

3

Helena encontró a Andrés un diecinueve de octubre de 1993. Había empezado tercero de carrera y aquel año no conocía a nadie de su clase. Las optativas que se ofertaban por la mañana no le interesaban y decidió cambiarse al turno de tarde y buscar algunas que se acoplaran a sus inquietudes, pues Helena se había visto atrapada en la filosofía clásica desde su infancia. Jaime era un amante del mundo helénico y por su casa siempre hubo un libro de Platón o de Aristófanes sobre la mesa de mármol del comedor.

Quizá ese fue el verdadero motivo por el que Helena quiso estudiar a los clásicos, aunque nunca se dio cuenta. Ella siempre creyó que la pasión que María José, su profesora de griego, ponía cuando le explicaba la cultura clásica, había acrecentado esa necesidad de saber más de la época de Pericles. Nunca, en todos los años en los que estudió el mundo helénico, pensó que había sido su padre quien, de alguna forma, la animó a cambiar las ciencias por las letras. Lo peor de aquella decisión de estudiar a los clásicos fue que Helena tuvo que dejar a sus compañeras de los años anteriores, pues para ellas era mucho más importante no ir a clase por la tarde que buscar en su cajón memorístico a qué filósofos admiraban más.

Aunque para alguien como Helena, estar sola era una sensación desagradable. No hablar o no tener con quién hacerlo le parecía la peor pesadilla que uno pudiera sufrir. Por eso, cuando llevaba una semana de clase, decidió sentarse cerca de Andrés. Se había fijado en él mucho antes, quién no. En una zona mediterránea no pasaba desapercibido un chico rubio de ojos verdes.

La madre de Andrés era alemana y él se parecía a ella. Curiosamente, su padre era moreno, aunque también de ojos verdes; y, por alguna razón genética que Helena desconocía, el rubio se había impuesto sobre el moreno.

Andrés era así, impositivo.

Helena lo saludó educadamente mientras accedía a su asiento. Oyó cada una de las palabras que decía su profesora, aunque no atendía a sus explicaciones. Con todo, de forma autómata, escribía lo que escuchaba. Su mente divagaba en pensamientos sobre el compañero que tenía a su lado: de dónde vendría, si se atrevería a entablar conversación con él o si, en la próxima clase, aquel chico buscaría otra compañera con la que sentarse. Así estuvo Helena, pensativa, durante los cincuenta y cinco eternos minutos que duró la clase.

—No soporto a esta tía —le dijo Andrés al tiempo que se encendía un Fortuna.

—¿Cómo? —interrogó perpleja Helena que no entendía qué había pasado, pues ella bajaba por las escaleras en dirección a la puerta y él la había abordado por la espalda.

—Nada, que es una mierda esta asignatura.

—Solo llevamos unos días con ella. —Sonrió Helena.

—No, no; yo llevo un año y cuatro días... toda una condena. —Helena se echó a reír—. Espero aprobar este curso. Me gustaría acabar la carrera en cuatro años y lo voy viendo difícil. Quiero hacer el Erasmus el año que viene y no perder más tiempo del necesario.

—Yo también voy a pedir la beca. Pero ni de lejos acabo una carrera de cinco en cuatro. Eso es para superdotados.

—No tanto, no tanto; necesito terminar, después preparar las oposiciones, aprobar... y a trabajar el resto de mis días como funcionario. Para eso estudiamos Filosofía, ¿no?

Andrés y Helena llegaron a la verja negra que separaba el interior de la facultad de la acera y se dirigían juntos, no sabían bien dónde, por la ancha avenida que combinaba asfalto y jardín a partes iguales.

—Pues pensaba que tendríamos más opciones. Aprovechando que sabemos idiomas, no sé, viajar, salir de aquí... Pero dar clases... Puf, no me lo había planteado. La verdad es que elegí esta carrera porque era la que más me gustaba. No pensé demasiado en el futuro.

—¿Esta carrera te gustaba? ¿A quién le gusta la filosofía?

—¡A mí! Sócrates, Platón, Descartes, Nietzsche... Mira, podría ser escritora.

—O podrías suicidarte con cicuta acatando unas leyes en las que no crees, simplemente porque nadie entiende lo que dices, como hizo Sócrates.

—Eso no me interesa mucho, la verdad. Me va más lo de escritora.

Los dos reían y seguían caminando sin rumbo.

—Tengo el coche aquí cerca. Entonces, ¿te veo el miércoles?

—Sí, sí, el miércoles —balbuceó.

—¿Te llamas?

—Helena.

—¿Quieres que Andrés te lleve a casa? —Sonrió.

Helena quería decir que sí.

—No, no; de verdad. Voy a coger el tren. Pero gracias.

La pareja estaba ya frente a los jardines que culminaban la amplia avenida. Un jardín enorme donde las parejas aprovechaban los atardeceres para decirse con gestos cuánto se amaban.

—Bueno, pues nos vemos en esta misma clase, aunque creo que coincidimos en alguna más.

Helena se ruborizó al pensar que Andrés la había visto antes, pero le molestó, en cierta manera, que él no insistiera en acompañarla a casa.

—Y si no, seguro que nos veremos por los pasillos —dijo intentando que no se le notara su decepción.

—O podemos quedar y tomar un café, o una cerveza... si quieres ahora mismo.

Helena, esta vez, dijo que sí y los dos se dirigieron hacia una cafetería cercana. Un lugar pequeño y acogedor, con un rincón separado del tumulto de la barra de metal, que los dos jóvenes decidieron hacer suyo en las semanas siguientes. No quiso Helena desaprovechar la oportunidad de quedarse una hora más con Andrés, por el que se sintió atraída desde que lo viera un lunes a las cinco de la tarde. Ahora, aquel rubio de ojos verdes estaba sentado frente a ella y la miraba con una sonrisa en los labios.

Todos aquellos pensamientos de novela adolescente se agolpaban en Helena que, sin saber cómo, también pensó si su deseo de cumpleaños aparecía ahora delante de ella en la forma de Andrés. Sonrió mientras él seguía hablándole de lo pesada que era aquella asignatura en la que los dos se habían conocido.

—Hay que sufrirla, qué vamos a hacer —continuaba él, que no dejaba que Helena dijera una sola palabra—. En todas las carreras hay un hueso y en la nuestra es este.

—Vaya ánimos —consiguió decir.

—Igual a ti se te da bien, quién sabe.

—Veremos, aunque había oído hablar mal de ella antes.

—Da igual el profesor que te cojas. Tengo compañeros que se pasaron a la mañana para ver si iba mejor y nada.

—No, qué va. La mala fama también le precede en el turno de mañana.

—¿Cómo es que te has cambiado?

—Me interesaban más algunas de las optativas. Aunque es un coñazo estar sola. —Esa era una de las palabras que no solía utilizar Helena, pero cuando se ponía nerviosa, aparecían por su lengua y no podía reprimirlas—. Me he quedado sin amigas. Si tengo suerte coincido con alguna en las clases del mediodía, pero poco más. —Sonrió mientras hacía un gesto con las manos.

—Ahora me conoces a mí.

—Y además podré robarte los apuntes del año pasado.

—No te lo recomiendo. Sigo aquí, repitiendo. Igual lo que hago es cogértelos a ti, que he visto que te das mucha caña en copiar.

—Cuando lo paso a limpio no me entiendo ni yo.

Esa frase, a la que siguieron otras más, resumía muy bien lo que Helena sentía. Ni ella misma comprendía qué hacía con aquel chico, al que no conocía de nada, tomando unas cervezas y deseando que la llevara a casa en su coche. Con esa osadía rompía todas las reglas de precaución que siempre llevó a rajatabla. Sin embargo, lo que sintió entonces Helena borró cualquier temor y cuando Andrés pagó las cervezas y se ofreció, de nuevo, a llevarla a casa, ella aceptó.

Hicieron el trayecto hablando de política, pues por la radio emitían a esas horas el programa al que Helena se había aficionado todas las tardes y que escuchaba durante los descansos de su estudio. Se sentía bien hablando con Andrés, porque hasta en eso coincidían. Los dos opinaban igual sobre los políticos, habían votado al mismo partido en las elecciones del seis de junio y, con aquel ímpetu que caracteriza a la juventud, todavía seguían creyendo en la política y en los políticos. Todo era perfecto para Helena que, en casa, chocaba de frente con las ideas conservadoras de sus padres, que ella creyó las mejores hasta que cumplió los catorce y empezó a salir con Diego, un compañero de clase cuyo abuelo había sido fusilado durante la dictadura.

Andrés aparcó el coche al lado de la vía y allí siguieron hablando todavía un tiempo hasta que él le dijo que debía marcharse. Helena miró el reloj y solo entonces fue consciente del tiempo que había pasado con aquel desconocido. Se acercaron, se dieron dos besos y se despidieron con un escueto hasta mañana. Helena abrió la puerta del patio y se introdujo en el interior, pero antes se giró a decirle adiós a Andrés, que esperaba que hiciese exactamente eso que acababa de hacer. Él sonrió a través de la ventanilla bajada y gritó, antes de desaparecer calle abajo, mañana nos vemos. Ella subió a casa y mintió a su madre cuando le preguntó por qué llegaba tan tarde.

Helena solo deseaba llamar a Paula, pero el teléfono colgaba de la pared del comedor y Fifín estaba preparando la mesa para cenar. Así que se guardó las ganas de gritarle al mundo lo feliz que se sentía en ese momento y se escondió en su habitación.

Deseó, cuando llegó la hora de la cena, que también pasara más rápida que de costumbre, porque lo único que quería era estar a solas con su felicidad. Pero el tiempo se demoraba aquella noche en la que Carlos contaba cómo estaba diseñando un edificio de nueve plantas, que pondría a la venta la promotora inmobiliaria que trabajaba para Sanscor. Helena, excusándose en el cansancio, se fue a su habitación. Sobre el amplio escritorio de metro y medio reposaban los apuntes del día. En el lateral derecho, un ordenador Pentium lanzado al mercado en el mes de marzo, que había estado apagado a la espera de que Helena, siguiendo su rutina habitual, introdujera una filosofía incomprensible incluso para ella. Un Intel último modelo que Fifín y Jaime le regalaron el día que cumplió veinte años y pidió un único deseo, que llegó ese diecinueve de octubre para romper, por fin, con su monotonía.

4

Andrés y Helena pasaron los siguientes días buscándose. Llegaban a clase, se sentaban juntos, compartían los descansos, algún que otro café y un sinfín de tertulias a las que ella se acostumbró muy pronto. Andrés supo que la enamoraría costara lo que costara, que no fue mucho.

—Vente de viaje conmigo en el puente de noviembre.

—¿Cómo? ¿Los dos solos?

—Podemos invitar a alguien más, si quieres, pero me parece que será más interesante si estamos solos.

—¿Cómo nos vamos a ir de viaje si nos conocemos desde hace una semana?

—El sábado hará once días.

Él rio con aquella frase y a Helena se le iluminaron los ojos pensando que Andrés había desechado cualquier otro plan solo por estar con ella.

—¿Y dónde vamos a ir?

—O sea, que aceptas.

—No, no; no he dicho eso.

—Yo creo que sí.

—Bueno, da igual. Si al final accedo, ¿dónde iremos?

—¿Dónde quieres ir?

—Eso es trampa. Tú has dicho: vámonos de viaje. Sabrás dónde.

—Mis padres tienen un chalet en la montaña y ese fin de semana se van a Madrid a ver a unos amigos.

—Irnos a tu chalet no es lo mismo que irnos de viaje.

—Si tú quieres ir a algún sitio, me parece bien; si no, yo prefiero meterme en el chalet con la estufa de leña y pasar todo el fin de semana viendo películas y durmiendo. La verdad es que no me apetece hacer turismo.

—Entonces quieres ir a tu chalet… a descansar.

—Más o menos.

—¿Más o menos qué es?

La osadía de Helena haciendo esas preguntas era algo insólito. Nunca antes se atrevió a hablar de esa manera delante de un chico, y mucho menos, si lo conocía desde hacía una semana. Le pareció extraño oírse decir esas palabras; pero al mismo tiempo, le agradaba esa nueva Helena capaz de mirar a los ojos a alguien y seguirle en el juego de la seducción.

—Más o menos es también cocinarte, comer, ver la televisión mientras estás tumbada sobre mí, acariciarte el pelo, dormir contigo a mi lado, prepararte el desayuno por la mañana, llevártelo a la cama...

Helena no sabía qué contestar a todo eso. Una cosa era jugar y la otra aceptar una propuesta tan explícita como la que acababa de hacer Andrés.

—¿No dices nada?

—No sé qué decir, la verdad.

—¿No quieres?

—Sí que quiero, pero estoy un poco asustada.

—Te prometo que no te haré daño, puedes estar tranquila. Solo quiero estar contigo. Me gusta estar contigo.

—De verdad que no sé qué decir.

—Piénsalo. Al menos eso.

Toda esa conversación se produjo dentro del Ford Fiesta azul metalizado con el que Andrés llevaba a Helena cada día. Una conversación que terminó al día siguiente cuando aceptó la propuesta y mintió a Jaime y a Fifín sobre con quién pasaría el próximo puente. Tres días de fiesta en el chalet de una compañera de la universidad, les dijo. Y como Helena no quería que supieran de su mentira, quedó con Andrés, el sábado treinta de octubre, en la puerta de la facultad que estaba abierta para los que, a diferencia de aquellos dos jóvenes, querían estudiar. Ese fin de semana Helena tenía otros planes, o al menos eso esperaba, y por ese motivo había comprado ropa interior nueva. La otra, la que usó los últimos meses, no le gustó.

Poco menos de una hora separaba la capital de la zona rural en la que los padres de Andrés tenían su chalet. Al fondo de la parcela, una casa pequeña. Delante, un patio con un enorme huerto, donde Helena pudo ver algunas verduras a punto de madurar. A los lados, árboles frutales a la espera de que llegara de nuevo la primavera para florecer. Se fijó ella en un cerezo e imaginó si el próximo año podría tomar ese fruto que tanto le gustaba. Sonrió.

Andrés y Helena ya estaban en la terraza que daba acceso a la casa. Una mesa y cuatro sillas de hierro forjado eran el único mobiliario que había en ese espacio. Por el suelo, algunas macetas sin flores. Accedieron al interior. El pequeño comedor tenía un sofá y una mesa y, de nuevo, cuatro sillas de madera. A los lados las tres puertas que daban a las habitaciones y dos más al fondo, la de la cocina y la del baño.

Andrés le mostraba cada uno de esos espacios mientras la tomaba por la cintura. Preludio de una historia que Helena llevaba tiempo esperando. Se dejó arrastrar en esa vorágine de la que no escapó cuando salieron al patio a tomar unas cervezas. Hablaron de todo y de nada, porque en la imaginación de los dos aparecían imágenes muy diferentes a la que estaban viviendo, aunque ninguno de los dos quiso precipitarlas. Después, como si nada estuviera perfectamente calculado, Andrés preparó la comida, mientras ella permanecía apoyada sobre el quicio de la puerta, pues él no le permitió entrar a esa cocina. Por una vez, le dijo, rompamos los estereotipos. Cocinaré yo.

Andrés le pareció perfecto.

Después de comerse los macarrones con verduras, los dos jóvenes se tumbaron en el sofá a ver una película. Al terminar, salieron a dar un paseo por la montaña; pero a las siete, cuando la noche empezaba a caer, regresaron a la casa. Helena tenía frío y la chaqueta que Andrés le había ofrecido antes de salir no la abrigaba lo suficiente.

Si te apetece puedes darte una ducha para entrar en calor mientras yo preparo la cena, le dijo Andrés. A ella le pareció bien. El agua caliente le hizo recobrar su temperatura corporal. Se sintió mejor y aprovechó para relajarse. Después, como tantas otras veces hiciera en su casa, salió de la ducha, se puso una toalla y dejó que su cuerpo se secara poco a poco, sentada sobre un taburete blanco que había al lado de la ducha. En esos momentos permitió que su mente descansara. Incluso cerró los ojos e imaginó una vida con Andrés. Estuvo así hasta que el sonido de los nudillos sobre la puerta la sobresaltó.

—¿Estás bien?

—Sí, sí; salgo enseguida. Me estoy vistiendo.

Andrés sujetó el pomo de la puerta y no supo si entrar o esperar a que Helena saliera. Y Helena, envuelta todavía con la toalla, pensaba si él entraría o la dejaría que se vistiera. Los dos querían lo mismo y los dos temían lo mismo. Pero Andrés llevaba demasiadas horas esperando tener a Helena y no se resistió. Giró el pomo y entró. Helena continuaba con la toalla envuelta pendiente únicamente de él.

—Mientes fatal.

—Lo sé.

Andrés se acercó, la miró despacio y después, sin detenerse un segundo más, la besó. Ella se dejó besar mientras con las dos manos sujetaba la toalla que estaba a punto de desprenderse. Él, mientras, seguía besándola. Después, la cogió de la mano y la llevó hasta la habitación. Allí volvió a besarla sentada en la cama, mientras, de forma precipitada, se desabrochaba la camisa. La toalla que envolvía a Helena había dejado al descubierto un pecho que él acarició. Andrés se fue desnudando poco a poco y Helena aprovechaba para observar aquel cuerpo fibroso con el que tanto había soñado los días anteriores. Ahora, sobre ella, podía sentirlo firme y notó un placer extraño, un placer al que no estaba acostumbrada. Él siguió acariciándola como si jamás alguien hubiera tocado aquel cuerpo. Todo era dulce y lento.

Andrés y Helena disfrutaron de esa ternura hasta que sus cuerpos se precipitaron y cayeron exhaustos, uno al lado del otro. Helena recostó su cabeza en el pecho de él, mientras escuchaba los latidos acelerados de su corazón y en sus labios se mostraba una sonrisa que solo desapareció cuando los ojos se cerraron.

Durante ese largo fin de semana, donde las caricias se repitieron de forma intermitente, los dos jóvenes hablaron casi todo el tiempo de la carrera y de su futuro, que ella tenía bastante menos claro que Andrés, quien incluso le confesó que su padre tenía una asesoría y que podría trabajar allí en cuanto acabara de estudiar si lo de las oposiciones salía mal. Lo tenía todo previsto. A Helena, esa premeditación, no la convencía; ella era más de improvisar, de esperar a ver qué pasaba y tomar decisiones según viniera la vida.

Helena no pensaba en ese futuro del que tanto hablaba Andrés, pues solo quería hacer lo que le gustara, porque en la vida, o al menos así lo creía, había que arriesgar. Por eso no entendía que él lo tuviera todo calculado: cuándo acabaría de estudiar, dónde iría a trabajar y dónde terminaría sus días.

Helena pensaba únicamente en una cosa: ser feliz, porque no quería llegar a los cincuenta, mirarse en el espejo, encontrar una cara con arrugas y descubrir que ni una sola vez había dicho que era feliz.

Helena, pues, sí tenía un único y complejo plan de vida, que no coincidía para nada con el sencillo plan que se había marcado Andrés.

Nunca, nada, volvería a ser igual

1

Durante los meses siguientes Andrés consiguió que Helena sucumbiera ante él. A la universidad asistían juntos y pocas veces se la veía a ella sola o con sus antiguas amigas. Andrés había tenido con ellas algún desencuentro que había terminado por distanciar a Helena de su vida anterior. Él le decía que eran unas crías y ella lo aceptaba. Porque, era verdad, durante el último año sus compañeras se habían dedicado a salir de fiesta sin otro pensamiento que divertirse y pasar por la universidad sin otra premisa que, como ellas decían: estudiar poco, beber mucho y follar más.

Helena, ahora, estaba en otro estadio en el que el futuro se abría ante ella poco incierto. Su relación se había consolidado en casi todos los aspectos, a lo que había contribuido que los padres de Andrés se marcharan a menudo a pasar el fin de semana al chalet, con lo que ambos disfrutaban de un piso vacío en el que dar rienda suelta a sus instintos más primarios y donde, a veces, estudiaban para conseguir los mismos resultados excelentes que hasta ese momento, al menos ella, habían obtenido.

Así fue durante todo ese tiempo en el que Helena intentó mantener oculta su relación, porque no quería estropear lo que ellos dos tenían y había preferido guardar el secreto delante de Jaime y Fifín. Aunque una noche, tras pasar la tarde estudiando y haciendo el amor a partes iguales, Andrés buscó la oportunidad de decirles que allí estaba él y utilizó, cual estratega aplicado, una fórmula de la que ella no pudo escapar.

Al llegar a casa de Helena, se escondieron en la calle paralela para besarse antes de la despedida. Andrés le suplicaba que saliera después de la cena, que había llegado el momento de contarles a sus padres que estaban juntos; que él estaba harto de quedarse solo cuando ella decidía que tenía que volver a casa para no confesar que tenía novio y que estaba teniendo una actitud muy infantil de la que empezaba a cansarse. Helena se sorprendió de todos aquellos reproches, pues esperaba una despedida repleta de besos y se encontraba con una discusión para la que no se había preparado.

De pronto, comenzó a sentirse mal.

Andrés, tal vez, tenía razón. De nada servía ocultar por más tiempo que estaban juntos. Helena sabía que, más pronto que tarde, tendría que contarles la verdad a sus padres, pues en más de una ocasión él la había llamado por teléfono a la hora de la cena para decirle cuánto la echaba de menos; y ella, con el cable estirado hasta el extremo para poder llegar al pasillo y cerrar la puerta del comedor, había tenido que mentirles diciendo que era un compañero que iba algo retrasado por culpa del trabajo. Fifín, Jaime y Carlos se burlaban de Helena, pues de sobra sabían para qué llamaba aquel chico, siempre, casi todos los días, a la hora de la cena.

Mientras todo eso pensaba ella, Andrés seguía reprochándole cuántas veces se había quedado solo en casa por culpa de sus mentiras; y Helena, sin querer, se puso a llorar. Entonces él la abrazó, le dijo que lo sentía, pero que tenía una actitud de niña pequeña y que ya era hora de que creciera. Andrés dejó de gritar y Helena se sintió bien bajo el refugio de sus brazos. Él la besaba en el pelo, le decía que nunca más la volvería a hacer llorar, que lo único que quería era pasar el resto de su vida con ella, porque no había nadie en el mundo que pudiera hacerlo tan feliz.

Helena le creyó.

Cuando se separaron para decirse adiós, Andrés bajó la cabeza y vio que llevaba la camisa manchada de tinta azul. Se puso muy nervioso, porque la mancha no saldría de su camisa preferida, esa que había comprado con Helena, y él no tenía ni idea de cómo hacer para lavarla y que quedara bien. Ella le dio todos los trucos que conocía por boca de Fifín, pero Andrés se desesperaba de ver cómo la tinta hacía estragos en su camisa.

Tiró el bolígrafo por la ventanilla del coche con demasiada furia para el poco peso que tenía aquel objeto. Después, con la mejor de sus sonrisas, le pidió a Helena que se la subiera a su casa y que la lavara, porque no se perdonaría jamás estropearla. Ella, que se sentía culpable por no ser sincera con sus padres, tomó la camisa que él le ofrecía y se la llevó a casa. Allí tuvo que contar lo que había ocurrido con el bolígrafo, confesar que llevaba saliendo dos meses con ese chico que telefoneaba algunos días, que se llamaba Andrés, y que cada noche la traía a casa para que no tuviera que volver sola.

Fifín estuvo encantada de que su hija, aunque fuera con otro filósofo, saliera con alguien que la cuidara tanto. A Jaime, para quien Helena siempre había sido su niña pequeña, no le pareció tan perfecto; pero ella supo convencerlo cuando le dijo que el padre de Andrés tenía un negocio propio y que él pensaba, si no aprobaba una oposición con la que tener un futuro asegurado, trabajar allí hasta aprender bien el negocio. A Carlos, por su parte, le hacía gracia cómo Helena se justificaba, una y otra vez, sobre el motivo por el que había ocultado su relación y se reía de ver cómo intentaba que aquel joven, del que parecía tan enamorada, cayera en gracia a Fifín y a Jaime antes de que le conocieran.

Lo que nunca pudo imaginar Helena de aquella mancha en la camisa que habían comprado juntos y que la obligó a confesar algo que no quería, era que Andrés rompió de forma intencionada la tinta, que había colocado el bolígrafo en la posición correcta para que cayera sobre el bolsillo y que, de forma premeditada, permitió que se esparciera por su camisa preferida para así marcar bien su territorio y obligar a Helena a que confesara a sus padres que tenía novio y que era él.

2

Tras el incidente de la camisa, Helena supo que no podría esconder más a Andrés y, para el nuevo año, lo presentó en casa. Él subió hasta el cuarto piso para felicitar el 1994 que acababa de entrar en los calendarios, pero también subió a enamorar a Fifín y a Jaime. Andrés sacó lo mejor de sí mismo, como hiciera cuando conoció a Helena, y fue el más amable de los yernos. Atento a cualquier detalle, se levantó de la mesa el primero cuando acabaron de comer y ayudó a Fifín a enjuagar los platos de la comida antes de meterlos en el lavavajillas, con la excusa de que a él le relajaba dejar correr el agua por sus manos. A Fifín le hizo gracia aquel comentario, porque no había nada en el mundo que ella odiara más que fregar. Cuando terminaron de colocar los cubiertos en la máquina, salieron por la puerta que unía cocina y comedor con los cafés sobre una bandeja; y allí, todos juntos, Helena, Fifín, Jaime, Carlos, Olga y Andrés tomaron aquel líquido oscuro con pasteles que habían comprado en la pastelería del final de la calle.

Así había sido aquel primer encuentro al que se sucedieron otros más, casi siempre los viernes al salir de clase, cuando los dos jóvenes acudían juntos a casa de Helena a repetir, como una cadencia, la misma escena que ocurrió el primer día del año. Andrés, en esas cenas, siempre encontraba un tema de conversación con el que atraerlos a todos. Helena se enamoraba, cada día más, al ver cómo su novio conquistaba a sus padres, cosa que ella no lograba desde hacía tiempo. Incluso cuando hablaban de política, Andrés la convencía de que las ideas de Jaime y Fifín eran las mejores y siempre terminaba por decirles a ellos que, pese a todo, él también era un conservador: le gustaba la familia tradicional, quería tener hijos, buscar un buen trabajo y ganar dinero suficiente para vivir una vida tranquila junto a Helena.

Fifín y Jaime admiraban a aquel joven que había logrado encandilar a su pequeña contraria a todos esos convencionalismos. Ella jamás quiso casarse, decía que el dinero no lo era todo y rehuía de una vida tranquila. Esa Helena, a la que ellos habían intentado convencer durante años de que esas premisas eran las mejores, esa misma Helena parecía, por la forma en la que miraba a Andrés, que se había convertido en la hija que ellos desearon durante tanto tiempo.

Por su parte, Helena no había subido ni una sola vez a casa de Andrés. Él siempre hallaba un motivo con el que evitar ese primer encuentro que tanto reclamó a su novia; aunque estaba convencida, porque así se lo decía él, de que Julia y Pedro pasaban todos los días de fiesta en su casa de campo, alejados de la ciudad que tanto odiaban. Helena se conformaba con esas excusas que, cuando no lo eran y el piso quedaba vacío de verdad, ellos aprovechaban para vivir su historia de amor. Entonces, se compraban unos bocadillos en una cafetería cercana, alquilaban una película en el videoclub de debajo de casa, y subían al que era su refugio esos fines de semana. Allí se recluían y de allí no salían si no era para que Helena volviera a su casa. Aquel encierro no le importaba a ella, pues era la más feliz cuando caía dormida abrazada a Andrés mientras miraban la película, al tiempo que él le acariciaba su espalda. Después, cuando aparecían las letras en la pantalla que indicaban que había llegado el final, Andrés despertaba a Helena en susurros y la dirigía, cogida de su mano, hacia la habitación. Y allí, un viernes más, daban rienda suelta a su imaginación sexual, porque para eso eran jóvenes e inexpertos. Después, los dos se levantaban, se recostaban en la cama y se encendían un cigarrillo.

Helena nunca había fumado, pero Andrés la convenció de que no había placer mayor que fumarse un cigarro después del sexo; y ella, a quien todo lo que dijera él le parecía perfecto, aceptó aquellos cigarrillos. El resto del tiempo se limitaba a robarle algunas caladas, porque su afición no iba más allá de compartir esa especie de ritual con su novio, antes de dejarse caer sobre la almohada y dormir unas horas hasta que el despertador de la mesita de noche los avisara de que Helena debía regresar a casa.

Nunca pasaban la noche juntos, porque eso era algo que no le estaba permitido a Helena, así que cuando llegaba la hora, Andrés se vestía y la llevaba de vuelta a casa. A la mañana siguiente, ella se levantaba, estudiaba unas horas, tras las que salía por la puerta y avisaba de que no volvería hasta después de cenar, como cada fin de semana que Pedro y Julia se lo permitían. Entonces cogía el autobús y se dirigía a casa de Andrés. Llamaba a la puerta y cuando llegaba al quinto piso se lo encontraba todavía durmiendo en la habitación. Helena intentaba levantarlo, lo animaba a que salieran a tomar algo como hacían el resto de parejas, pero Andrés la tomaba de la mano, la metía en la cama y la desnudaba a ritmo de frases hermosas, que permitían a Helena olvidarse de lo que hacían las otras parejas y aceptar el deseo de Andrés, quien la llenaba de besos y encontraba el lugar exacto en el que dejaba de ser ella para ser otra a la que había sido ajena durante los veinte años anteriores. Extasiada de tanto placer, se quedaba adormilada acurrucada en la cama y dejaba pasar el tiempo hasta que su cuerpo le pedía comida. En ese momento, despertaba a su novio y los dos se levantaban, cocinaban algo rápido y comían sentados frente al televisor. Así pasaban la tarde, película tras película, sentados en el sofá de piel negra hasta que llegaba la noche. Y también así, como era habitual, bajaban de nuevo a por unos bocadillos, alquilaban otra película y, después, volvían a entrelazar sus piernas hasta que quedaban dormidos.

Ese era su fin de semana, a excepción del domingo, día en el que él se excusaba porque tenía que borrar cualquier rastro del piso que delatara, delante de sus padres, que ellos habían estado allí. Para ambos se convirtió en rutina que el fin de semana terminara el domingo de madrugada, cuando Andrés dejaba a Helena en la puerta de su casa.

3

1994 le trajo otro regalo a Helena. Un regalo que le duraría toda la vida y que se llamaba María. Nada sabía de esa joven morena, delgada y de ojos marrones cuando la vio entrar por primera vez en el gimnasio, que comenzó a frecuentar al iniciar tercero de carrera. Tampoco sabía nada María de Helena, aunque pronto lo sabría todo, incluso aquello que la misma Helena no quería saber.

El gimnasio al que las dos acudían estaba situado en la perpendicular a la calle en la que vivía Helena. Demasiado cerca como para poner una excusa y no hacer el ejercicio que le pedía su espalda, algo contracturada a causa de las largas jornadas que pasaba sentada delante de su escritorio. Así pues, cada mañana, a las siete en punto, sonaba el despertador de Helena. Se levantaba, se dirigía a la cocina y, sin hacer casi ruido, se preparaba un café y una tostada. Después, volvía a su cama y se quedaba tumbada hasta que el reloj marcaba las ocho menos cuarto. Entonces, se ponía el chándal y salía por la puerta de casa con una mochila lila colgada de su hombro izquierdo.

En el ascensor se miraba en el espejo al tiempo que se recogía el pelo en una coleta. Los cuatro pisos le permitían, incluso, sacarse algún mechón de la parte delantera, porque una vez alguien le dijo que así estaba más guapa. No recordaba quién; tal vez Carlos, o Paula; o quizá lo hubiera soñado. No importaba, porque cuando el ascensor llegaba a la planta baja, ella observaba su mechón y sonreía. Después, cruzaba la calle y se dirigía al lugar que convertiría, con el paso de los meses, en su espacio preferido.

A veces Helena se preguntaba si esa obsesión por no faltar un solo día a ese recinto se lo debía a Fifín, quien aseguró, desde que supo de su apertura, que un gimnasio sólo de chicas no duraría ni seis meses. A ver a quién se le habrá ocurrido montar en una casa de dos plantas un gimnasio. Lo que te digo, Helena, ni seis meses dura. Esas eran las frases con las que Fifín lo había sentenciado a muerte. Helena, por su parte, decidió que lo haría sobrevivir, aunque ello supusiera levantarse cada mañana a las siete en punto y dirigirse a aquel menudo lugar, cuya primera planta la habitaban unas duchas y cuatro bancos en los que vestirse; y la segunda, un espacio diáfano donde ellas se ejercitaban. La única decoración que invadía aquella sala blanca era un espejo enorme que recorría toda una pared y una fotografía de Beatriz, su profesora, quien, como ellas, había decidido que era el momento de tomar las riendas de su vida y no había encontrado otra forma mejor que hacer uso de la casa de su abuela para montar un local deportivo, en el que pronto se encontrarían, para siempre, María y Helena.

No había pasado todavía un mes desde que María entrara por la puerta de aquel gimnasio cuando las dos se hicieron, más que amigas, confidentes. Helena le relataba todo aquello que le acontecía con Andrés, incluso sus escarceos sexuales y sus jadeos nocturnos. María nunca contaba nada. Por esa razón, una fría mañana de marzo, Helena le preguntó por sus novios y su amiga no supo qué contestar.

—Soy lesbiana —dijo pasados unos segundos.

María temió que aquella confidente pidiera la cuenta y se marchara, que no la aceptara, que fuera una de esas personas que cree que las lesbianas se acercan a las chicas porque quieren algo con ellas. María temía perder a la única amiga que la había tratado con respeto desde hacía mucho tiempo, aunque para eso hubiera tenido que esconderle su condición sexual. Pero Helena, que se quedó paralizada otros tantos segundos, se echó las manos a la cara y contestó:

—Lo siento... Es que... No sé, no lo sabía... Ni lo había imaginado.

—No pasa nada. No te lo había contado.

—Pero bueno, para el caso es lo mismo. ¿Cómo vas de novias?

—Fatal.

María rio algo nerviosa, porque no estaba segura de lo que por la cabeza de Helena se paseaba. Aunque a su amiga no le importaba lo que fuera o hubiera dejado de ser, no le importaba si se acostaba con hombres, con mujeres, o con ambos, siempre que siguiera siendo ella y no la abandonara en esos desayunos matinales sin los que ya no entendía los días.

—Desde hace un año no estoy con nadie... y tú todos los días contándome la de cosas que te hace Andrés.

—Lo siento, lo siento. —Reía Helena—. La verdad es que hasta yo me sorprendo. Los novios me duraban más bien poco y con Andrés es diferente. Es... esa persona, ¿entiendes? Puedo contarle cualquier cosa, compartimos todo.

—Es bonito tener a alguien así.

—Sí. Está muy bien. Al principio, cuando conoció a mis padres, pensé que toda esa magia de los primeros meses sin que mi familia supiera nada se terminaría. Después me di cuenta de que era mucho mejor así, porque ahora también puedo compartirlo con ellos.

—Qué suerte tienes. Mis padres nunca aceptaron a mis novias. Nunca pude entrar con ellas en casa y es lo peor que te puedas imaginar. Por mucho que pienses que como ahora ellos lo saben parece que pierdas algo de esa... ¿cómo lo has llamado?

—Magia.

—Ya te digo yo que es mejor.

—¿Tus padres no lo aceptaban?

—¿Que fuera lesbiana? No. Hicieron todo lo posible porque me olvidara, aunque no sé cómo alguien puede olvidarse de lo que siente, pero en fin. En cierta manera los entiendo.

—Son otra generación. Les educaron para que eso fuera algo insano.

—Exacto. ¿Cómo iba a echarles la culpa por eso? Encima yo lo supe muy pronto. No tuve que hacerme mayor para descubrir mi sexualidad y claro, fue peor, porque alguna de mis amigas de colegio se convirtió en mi novia. Pero eso ya pasó.

—No podías echarles la culpa de nada, María. Supongo que solo te quedaba aceptar que ellos eran así, que crecieron en otra época.

—Sí; así es. Aunque no puedes imaginarte cómo me sentía cuando venían a casa y tenía que decirles que mentirles. Me he culpado durante mucho tiempo por eso. Tampoco es que a mí me duraran las novias demasiado… Y después, ya ves, ellos se fueron.

—Algún día aparecerá tu persona, igual que yo encontré a Andrés.

—Mi persona… Tú esperas demasiado de la vida. En cuanto empiece a trabajar se acabó todo: adiós al gimnasio, a los desayunos y a esta tranquilidad que me acompaña desde hace unos meses. Volverá el estrés y se irá la posibilidad de encontrar a mi persona.

María y Helena rieron durante un largo espacio de tiempo. María se sintió feliz porque su amiga no había salido corriendo y Helena se sintió feliz porque había encontrado una persona en el mundo a la que podía contarle cualquier cosa sin temor a ser criticada.

4

A pesar de que era domingo, Helena se despertó, como cada día, con el sonido del reloj. La mañana del trece de marzo de 1994, solo pensó en su madre y en que aquel día cumplía cincuenta años. Pensó también si al final habrían conseguido entradas para visitar la Alhambra, y si esa noche, durante la cena, su padre le daría el anillo con un pequeño diamante engarzado, que había adquirido en la joyería que tenía un primo en el mismo barrio que ellos vivían.

Aunque no era en ese viaje en lo único que pensaba Helena mientras se giraba en la cama con las sábanas enredadas entre sus piernas. Fifín cumplía cincuenta años y nunca, en todo ese tiempo, la había oído decir que fuera feliz. Enroscada como estaba se preguntó cuál era el motivo por el que nunca pronunció esas palabras. Su madre siempre hablaba de su pasado, de cómo había salido al extranjero para ganar más dinero cuando tenía tan solo dieciocho años, de cómo su astucia la llevó, en más de una ocasión, a lograr un trabajo, cómo había montado a horcajadas sobre la moto de algún amigo cuando todavía ninguna mujer se atrevía a hacerlo, o cómo se colocó sus primeros pantalones antes de que se pusieran de moda en España.

Fifín, tal vez, hubo un tiempo en que fue feliz.

Sin embargo, cuando toda aquella vorágine juvenil acabó, se casó con Jaime, se quedó embarazada y dejó su trabajo para dedicarse a la casa y al cuidado de su hijo. Cómo se produjo ese cambio en Fifín era algo sobre lo que se interrogaba a menudo Helena, aunque nunca se atrevió a preguntárselo a la única persona que podía responderle, su madre.

No quiso pensar más en aquellos cincuenta años de Fifín y se levantó de la cama. Sus pasos la llevaron al aseo que había al final del pasillo, el más pequeño, aquel que se abría con una puerta corredera y al que ella siempre se dirigía, aunque tuviera mucho más cerca de su habitación el amplio baño.

Mientras se lavaba las manos, se miró en el espejo. No, ella todavía no tenía arrugas. Se puso crema y se cepilló el pelo. Volvió a lavarse las manos, esta vez con jabón, jugando con las pompas que conseguía hacer en su palma. Dejó correr los minutos. Después, volvió a mirarse en el espejo. Sonrió. Pensó en los últimos meses, en lo bien que la vida la estaba tratando, en Andrés... Y supo que ella sí era feliz.

Solo entonces, después de darse cuenta de que no era como Fifín, salió del baño y preparó tostadas y café mientras oía de fondo los pasos de Carlos. Helena, con su desayuno en la mano, se dirigió a la habitación. Era una costumbre adquirida desde la adolescencia; siempre, cada día, se preparaba una tostada con aceite, y mientras rondaba por la casa, a veces no sabía bien para qué, comía aquel pan crujiente, para exasperación de su madre, que le gritaba desde la habitación que iba a ensuciar toda la casa.

Aunque Helena, impasible, seguía con aquella rutina que tanto le agradaba a ella y tanto desesperaba a Fifín.

5

Su segundo cuatrimestre universitario había comenzado unas semanas atrás. También el segundo que Helena y Andrés compartían. Su vida se había ligado irremisiblemente a la vida universitaria y a él le gustaba saber que podían compartirlo todo, incluso ese tiempo. Ese fue su plan desde que se conocieran y tomaran la primera cerveza en la cafetería del final de la avenida en la que tenían su facultad. Y donde la camarera, una menuda señora de casi cincuenta años, conocía de memoria qué era lo que aquella pareja iba a pedir dependiendo de la hora a la que se acercaran a su bar. Andrés y Helena se dirigían a una mesa mientras ella se afanaba en preparar su comanda. Si era media tarde, café solo y bombón con un cruasán; si ya era de noche, dos cervezas y dos bocadillos de tortilla de patatas, que tomaban el uno frente al otro, a veces acompañado de algún beso.

Un único plan para los dos: todo juntos.

Ese todo y ese juntos a Helena la hizo feliz durante los primeros meses. Ahora, pasado un tiempo, se preguntaba si era necesario tanto compartir. Andrés, que conocía bien los sentimientos de su novia, la convenció para que volviera a salir de vez en cuando con sus amigos, para que tengas tu espacio y tu libertad, le dijo.

Helena, al principio, sintió que lo traicionaba, porque por más que ella insistía en que podían salir juntos con sus amigos, él le decía que fuera sola, que no había por qué preocuparse si un día no estaban juntos, que sabía de sobra que ella echaba de menos a sus amigas, que sabía cuánto le gustaba hablar con

Paula, a la que hacía casi seis meses que no veía, y que todo eso tenía que cambiar.

—Nosotros siempre vamos a estar juntos, nos lo hemos prometido. Una noche sola, no alterará nuestra promesa.

Con esas palabras convencía a Helena de que su amor era cada vez más fuerte. Puedes sentirte feliz por tener un novio que te permita mantener tu independencia y tus amigos de siempre, porque nosotros nos queremos por encima de todo y siempre estaremos juntos, le insistía Andrés.

Por ese motivo, después de aquel inaugurado segundo cuatrimestre, Helena volvió a ver a sus amigas, salió de copas con Paula y fue de comida con las compañeras de la universidad. Con ellas planeó un viaje para la Semana Santa al que tenía pensado acudir con Andrés. Pero cuando se lo contó, a él no le pareció buena idea. Y aquello que sonaba perfecto en su cabeza se convirtió en una nueva concesión.

—Quería darte una sorpresa. Pensaba invitarte a un viaje romántico nosotros dos solos.

—No me lo habías dicho.

—Porque era una sorpresa —insistió—, pero si tú quieres irte con tus amigas, no hay problema. Tú sabrás qué prefieres en este momento.

—Pensaba que nos podríamos ir los dos juntos con ellas.

—Ni de casualidad me iré con tus compañeras. No tengo ganas de pasar unas vacaciones hablando de la universidad. Podríais buscar otro tema de conversación. No estaré unos días hablando de estudios, cuando puedo disfrutar de unas vacaciones antes de ponernos a estudiar para los exámenes finales. Si te apetece irte más con ellas que conmigo...

—No me apetece más.

—Entonces te vienes conmigo.

—Supongo.

—¿Supones? ¿Tú qué quieres hacer? ¿Prefieres estar con tus amigas o conmigo?

—Contigo.

—Verás lo bien que lo vamos a pasar los dos solos.

Helena se convenció de que sería mejor disfrutar unos días con Andrés en Toledo, que unos días en Madrid con sus compañeras de la universidad. Más importante era celebrar cinco meses de felicidad conjunta, que un viaje de universitarias donde acabaría bebiendo más de la cuenta, algo a lo que ella no estaba acostumbrada.

Y así fue como Andrés y Helena se fueron a pasar las vacaciones de Semana Santa a un camping de Toledo con vistas al Alcázar que quedaba iluminado por la noche. También allí fue donde él, después de una cena hecha con las brasas de una pequeña hoguera, le hizo una nueva propuesta.

—Podríamos irnos juntos de Erasmus.

Helena no dijo nada. Sin duda lo que más le apetecía era irse ese año con Andrés, pero sabía, por mucho que le doliera, que eso iba a ser casi imposible. Helena tenía mejor expediente y las posibilidades de escoger universidad eran altas; una universidad que no coincidía con la que él tenía planeada. Y eso la asustaba. Qué pasaría durante ese año, cómo harían para comunicarse, cuándo podrían verse. Estar lejos de Andrés era algo que le horrorizaba. Helena llegó a pensar en sustituir un año fuera por un único cuatrimestre; porque, aunque no quisiera reconocerlo en voz alta, tenía miedo de que Andrés la olvidara, de que conociera a otra Helena, de que ya nunca más fueran ellos dos.

Andrés solo había tenido una novia, o eso al menos le dijo a ella, y no era de esos a los que les gustaba quedar con una chica para pasar una única noche. Él prefería una novia para siempre que una desconocida para un rato. Así había sido hasta que conoció a Helena, y así esperaba que continuara. Aunque un curso, pensaba ella, era demasiado tiempo como para que esos principios indestructibles cayeran en olvido. Helena estaba segura de que no se enamoraría de otro, pero no lo estaba tanto de lo que pudiera hacer Andrés.

Todo eso había pensado muchas noches cuando el insomnio se apoderaba de ella. Sin embargo, ahora, delante de Andrés, tampoco estaba convencida de querer renunciar a una buena beca solo por estar con su novio.

—No lo sé —respondió casi en un susurro tras mucho meditar una respuesta.

—¿No lo sabes? —Él pareció enfadarse.

—Yo quiero ir a una universidad alemana y tú no.

—Es que no sé alemán. Prefiero Londres.

—Para Londres hace falta muchísima nota.

—Y no puedo conseguirlo. ¿Es eso lo que me estás diciendo? ¿Que mis notas no son buenas? Tengo un siete con seis de media.

—No quería decir eso. Digo que tendríamos que pensar si estamos dispuestos a renunciar a lo que queremos por estar ese año viviendo juntos.

—¡Vamos, no me jodas! Estar contigo para mí no es renunciar.

—No hay nada malo en que cada uno tome su camino. Nos veremos durante las navidades, y después, cuando menos lo esperemos, habrá llegado el verano y estaremos juntos otra vez.

—Si te estás agobiando, dímelo. Pero te quieres alejar de mí cuando más te necesito.

—¡No me estoy agobiando! ¿Y por qué es ahora cuando más me necesitas?

—Es que mis padres están mal; están de broncas siempre. A veces él se marcha mientras comemos porque no aguanta discutir con mi madre. Otros días se va al despacho y no vuelve hasta pasada la hora de la cena. Ya veremos en qué acaba todo esto.

—No me habías contado nada. —Helena se sintió culpable y egoísta.

—Porque no quería preocuparte.

—Pero tendrías que habérmelo contado. Para eso estamos juntos.

—Si nos pasara a nosotros igual... Yo quiero estar siempre contigo.

—Aunque estemos unos meses sin vernos, no nos vamos a separar.

—¿Ves? Siempre encuentras una excusa. Te acabo de decir que te necesito, que no soporto más estar en mi casa y tú solo piensas en irte lejos.

Helena no supo qué contestar. Le halagaba que Andrés la necesitara y terminó por convencerse de que Londres era un buen destino, de que a Alemania siempre podría ir en otra ocasión, y de que si Andrés la necesitaba, ella tenía que estar a su lado, porque para eso estaban las parejas.

—Iremos juntos. —Sonrió.

—Te echaría mucho de menos si no te tuviera —le dijo al oído.

Andrés se encendió un cigarro mientras abrazaba a Helena, que comenzaba a quejarse del frío de la noche. Ella contemplaba el Alcázar a lo lejos, mientras pensaba si la decisión que había tomado era la más acertada. Tenía miedo de perder a Andrés, tenía miedo de que si se separaban, nada sería igual. Helena tenía miedo de todo eso, pero también de estar cediendo en algo que ella llevaba planeando desde que, en 1991, su profesor de Antropología Filosófica, en una tutoría, le propusiera que se fuera a Alemania. Con esa idea Helena había pasado los años siguientes hasta esa misma noche en la que Andrés le sugirió un cambio, y ella renunció a otro de sus planes.

—Estás muy callada.

—No pienso en nada.

—Solo he dicho que estás muy callada —la cortó tajante.

—Estoy cansada. Hoy hemos andado mucho.

—¿Es por lo del Erasmus, no? Si no quieres, no pasa nada; puedes seguir con tu idea de irte a Alemania, de verdad. A mí me gustaría estar contigo, pero si tú prefieres irte sola, lo entiendo.

—Te he dicho que iremos juntos, ¿vale? —Helena sonaba enfadada.

—No quiero que nos cabreemos también nosotros.

—No estoy enfadada.

Andrés sabía que sí y por eso la besó en los labios.

—¿Quieres que vayamos dentro? Estás helada.

Helena y Andrés entraron dentro de su canadiense de cuatro plazas, sujeta por unas piquetas, que él empujó hacia el centro de la tierra con una piedra que Helena le había buscado.

Él y ella. Así había sido desde hacía cinco meses.

Dentro de la tienda naranja y azul, encima de un colchón hinchable, Helena y Andrés se besaron. Ella creyendo que era un beso de buenas noches, él sabiendo que era el preludio de una conquista más, porque esa nueva concesión de Helena tenía que ser compensada con más besos. Besos que se prolongaban hacia su ombligo y después entre sus piernas, un lugar donde ella perdía la razón. Así eran aquellas recompensas, un poco de placer en el que Helena solo tenía que dejarse llevar sin tener por qué ofrecer nada a cambio.

Después, se dormía tranquila, convencida de que Andrés era lo mejor que le había pasado en la vida.

6

Helena y Andrés no volvieron a hablar más de la beca. No hizo falta. A él no le aceptaron su solicitud en la universidad de Londres e hizo como si el sistema fuera injusto con él, con su esfuerzo y le recriminó a la burocracia lo que acababa de hacerle a su futuro. Helena, que no quería más discusiones, renunció a su estancia en Londres, igual que renunció antes a la de Alemania, y pidió que le adjudicasen la misma universidad a la que habían destinado a Andrés. Para compensarla, él le regaló un fin de semana romántico. Su destino: un hotel situado en Calella, a escasos metros del mar que tanto le gustaba a Helena.

Los dos habían preparado su equipaje y lo habían metido en el maletero del Ford Fiesta antes de comenzar las clases del viernes que, en aquella ocasión, serían más cortas que de costumbre. Porque, también él, decidió saltarse algunas horas para llegar lo más pronto posible a aquel hotel de ensueño donde quererse una vez más.

La amplia habitación donde Andrés le haría el amor a Helena estaba diseñada en colores grises y blancos que ofrecían un aspecto moderno. Todo estaba perfectamente medido: un sofá gris a la entrada, una cama enorme repleta de cojines donde poder esconderse, un baño lujoso decorado con los mismos tonos de la habitación y una bañera redonda, donde relajarse tras sucumbir al placer o donde acariciarse sin pudor.

Después de su primera cena en el restaurante, también de ensueño, se encerraron en la habitación para no salir hasta el día siguiente, hambrientos y exhaustos a partes iguales. Pero lo idílico no es eterno. Pronto todo aquel romanticismo que envolvía aquella estancia y que rezumaba por la piel de Helena se convertiría, una vez más, en un mar oscuro y voraz, no tan azul como el que podía ver desde el balcón de la habitación del hotel.

Andrés se encendió un cigarrillo después de hacer el amor y fumaba mientras miraba el techo. Entonces, como si la conversación brotara por casualidad, le contó sus planes para el próximo curso. Ya había localizado un apartamento pequeño, pero muy acogedor, alejado de la zona universitaria donde se podía conseguir algo a buen precio. Andrés hacía especial hincapié en alejarse. Un apartamento fuera del campus, le dijo, una sola habitación para ti y para mí; algo pequeño, donde podamos tocarnos cada vez que nos veamos, que será a cada minuto.

Andrés le susurraba todo eso a Helena, desnudo, enmarañado entre las sábanas de la enorme cama, mientras ella, recostada sobre la almohada, lo miraba sonriente y se imaginaba cómo sería un año entero así, igual que estaban ahora: desnudos, abrazados, felices. Porque Andrés, cuando quería, podía demostrarle todo su amor, aunque después de siete meses juntos todavía no le hubiera dicho ni una sola vez que la quería.

Pero planear su estancia ya era una muestra de amor, o eso al menos creía Helena hasta que, sin poder dormir, comenzó a pensar en el próximo curso y tuvo dudas. En la oscuridad de la noche, acudieron a su cabeza pensamientos que había retenido en lo más lejano de su memoria. Recordó la conversación que tuvieron sentados frente al Alcázar de Toledo y se dio cuenta de que había cedido ante Andrés y todavía no sabía por qué. Lo único que Helena sabía era que siempre era él quien hacía los plantes y ella la que parecía que nunca los tuviera.

Pensó en cuántas veces había tomado la iniciativa. Nunca. Tuvo miedo. No sabía lo que significaba ese nunca, porque era la primera vez que pensaba en ello, pero no le gustaba cómo había sonado en su cabeza. La noche se le hizo larga a una Helena culpable por no sentir lo mismo que la persona que dormía feliz a su lado. A cada instante se imaginaba cómo sería vivir alejados del campus que, por muy romántico que le pareciera, no era lo que ella tenía planeado.

A la mañana siguiente, después de que Andrés se despertara, se abrazó a él y expuso sus miedos sobre la cama del hotel.

—¿Por qué no buscamos algo dentro del campus para estar con otros compañeros?

El estupor reflejado en la cara de Andrés le dijo a Helena que, otra vez, se había equivocado.

—¿Con más gente?

—Con otros compañeros, no sé...

—O sea, que no quieres estar sola conmigo.

—Sí, sí que quiero; pero tendremos mucho tiempo para estar juntos.

—Joder, Helena, siempre esperas al último minuto para decirme que no quieres estar conmigo.

—Ahora estoy contigo.

—Porque he sido yo el que ha buscado este hotel. Porque tú, últimamente, parece que vayas huyéndome.

—Eso no es verdad. A mí me gusta estar contigo. Lo estoy siempre.

—Además, no sé a qué coño viene eso de que quieras compartir piso con más gente con lo que te quejas. Si alguien pone la música alta, te quejas; si hablan en clase, te quejas; si hacen ruido al comer, te quejas... Te pasas la vida criticándolos a todos y ahora me dices que quieres vivir con otros estudiantes. ¡Hay que joderse!

Helena, con aquellas frases, ya empezaba a encontrarse mal. Como tantas otras veces sentía que había estropeado un momento mágico creado por Andrés. Él lo hacía todo por ella, que siempre le correspondía con evasivas, cambios de humor y quejas.

Helena pensó cuánta razón tenía Andrés. En más de una ocasión le había dicho que su vecina ponía la música altísima cuando necesitaba silencio para estudiar, que cuando se iba de vacaciones con sus amigas, estas siempre se levantaban demasiado tarde como para disfrutar de un desayuno en el sofá, viendo alguna película o hablando de las noticias que acababan de dar en la televisión. La televisión. Otro conflicto para Helena, pues a ella le encantaba la cadena de los documentales y los demás preferían ver una serie de esas que daban como resultado un encefalograma plano.

Helena no era de compartir y se lo estaba recordando Andrés, quien continuaba insistiendo en lo bien que estarían ellos dos solos en un piso alejado de la universidad. Y una vez más, ella acabó por darle la razón. Andrés le hizo de nuevo el amor a Helena, que se dejaba llevar mientras en su cabeza martilleaba un único mensaje: con lo que él hace por ti...

Después de todo, aunque no te diga que te quiere, siempre acaba por hacerte el amor.

7

Por fin llegó el verano. Los exámenes habían terminado y Fifín y Jaime alquilaron un apartamento en la playa, al igual que habían hecho los últimos diez años. Eso sí, siempre en una playa diferente, en un lugar alejado del anterior, para no echar raíces. Helena se acostumbró a no hacer amigos de verano, o a hacerlos segura de que desaparecerían al mismo tiempo que el calor del sol; después, poco a poco, las llamadas por teléfono se espaciarían, las cartas semanales se convertirían en una única postal de aniversario y, llegado el siguiente verano, ya no quedaría nada de aquellas amistades.

Sin embargo, ese año iba a ser diferente. Nada de amigos, nada de salidas nocturnas. Helena se preparaba para pasar un mes de vacaciones pegada a Carlos, con el que no volvería a compartir confidencias a las tres de la mañana, algo borrachos, sentados en la arena de la playa. Nunca volverían a estar solos, y eso, a pesar de lo feliz que Carlos era con Olga, a Helena le dolía en el alma.

Y no era a la única.

Una mañana de ese julio caluroso, aunque pareciera extraño, Fifín y Helena acordaron ser confidentes por un momento. La madre había preparado unas tostadas con mantequilla y mermelada casera, que ahora tomaban sentadas, una frente a la otra, en la mesa blanca de la cocina. Las dos querían decirse una única cosa: que ese verano iba a ser el último, aunque a ninguna le gustara esa verdad. Así que hablaron de la boda, de lo bien que le había quedado el vestido a Fifín, que iba a ser la madrina, de que tendría que volver a Valencia antes de que terminara el mes para hacerse la última prueba y de lo bien que le sentaba el traje a Carlos. De todo eso hablaron hasta que a Fifín se le saltaron las lágrimas.

—Ya no volveremos a estar los cuatro juntos.

—¿Por qué dices eso, mamá? —Una pregunta estúpida, porque era exactamente lo mismo que pensaba ella.

—Tu hermano se casa y tú te vas a París con Andrés. Nos vais a dejar vacía la casa.

—Yo vuelvo en unos meses...

—En un año.

—En ocho meses. Dos cuatrimestres... Míralo como unas vacaciones. Siempre me estás renegando. Ahora que te dejo tranquila, aprovecha.

—Si es que eres la pequeña y ya te vas.

—Pero voy a volver.

—Ya... Me acuerdo mucho de cuando tenía tu edad, de lo bien que lo pasaba. Salía y me reía a todas horas. Yo a veces bebía, ¿sabes? Aunque nunca me emborraché. Siempre sabía lo que hacía. Los chicos, porque entonces ellos te invitaban... Bueno, que yo llevaba dinero, pero nunca te dejaban pagar. Pues eso, que los chicos siempre se sorprendían de que pudiera beber como ellos y nunca perdiera el control. Aunque no era cierto que bebiera tanto. La mamá siempre sabía cuándo tenía que parar. Y después me acompañaban a casa y algunas veces querían algo más, pero yo no me dejaba. Les tenía que parar los pies. Aquella época sí fue buena. Después todo se complica, te casas, tienes hijos, dejas el trabajo. Nunca nada vuelve a ser como antes.

—Pero nos tuviste a nosotros, a papá. —Helena cortó a Fifín porque veía que se iba con su relato a otra época, a otro momento en el que Carlos y ella no estaban.

—Pues eso. Y ahora os vais. ¿Qué voy a hacer aquí sola?

—Descansar de nosotros. Además, ya te lo he dicho, vuelvo enseguida.

—Lo que quieras. Yo sé muy bien lo que me digo.

Helena guardó silencio intentando comprender si aquello que quería decirle su madre coincidía con lo que, de alguna manera, ella también había pensado: Carlos ya no estaría en casa.

Nunca más los sábados le prepararía una tostada mientras él andaba somnoliento por la casa. Nunca más se tumbarían los dos en el sofá, ella acostada sobre sus piernas. Nunca más verían una película juntos. Nunca volverían a compartir anocheceres ni confidencias. Nunca, nada, volvería a ser como antes. Tenía razón Fifín.

Helena se levantó y preparó otro café. No preguntó a su madre si la iba a acompañar o no. Delante de la Mini Moka negra con botones y brazo de carga naranja sintió que se estaba haciendo mayor. Mientras caía el líquido negro en las tazas de porcelana blanca, observó cómo iba disminuyendo el agua de la cafetera y pensó si, como el agua, todo desaparecería. Giró la rueda hacia la izquierda cuando vio que las tazas estaban llenas y volvió a sentarse frente a su madre. La miró. Tenía los ojos verdes enrojecidos y el semblante serio, aunque intentara sonreír. A veces hacía esas cosas. Sonreía al ver que se ponía a llorar, porque era una manera de restar importancia a ese acto tan primario. A Fifín le gustaba hablar de sus sentimientos, aunque eso significara mostrarse ante los demás. No le importaba. Ella era así. Fuerte, pero sensible. Auténtica.

Helena, eso, no lo había heredado de ella. Su pelo castaño, sí; sus expresiones, sus movimientos y hasta su forma de sonreír; pero esa sinceridad sobre sentimientos que pudieran mostrar que no estaba bien, que podía ser débil, eso no. Eso era exponerse demasiado delante de su familia y a ellos no los quería ver sufrir.

Helena quiso hacerle creer a Fifín, mientras consumía el negro café, que era lo suficientemente fuerte como para no tener miedo de que nunca, nada, volviera a ser igual.

La soledad no es grata compañera

1

El domingo catorce de mayo del año 2000, alejada de aquellos a los que había querido, Helena se subió en su 205 rojo y tomó la carretera. Después de cinco horas de viaje, llegó a una ciudad que ya conocía. Pero huir de casa no fue suficiente. Por eso, cuando esa mañana cruzó el último puente antes de ver al fondo la montaña del que sería su próximo hogar, algo se movía en el asiento de atrás. Como un último gesto de rebeldía contra Fifín, Helena adoptó a una perra negra de dos meses, que había sido abandonada junto a otros cinco cachorros al lado de un contenedor.

Aparcó el coche en la avenida principal y cruzó la calle. Con el bolso colgado como si fuera una bandolera y una correa como extensión de su brazo, buscó con la mirada un bar en el que comer. Se sentó en una terraza con mesas y sillas de metal y pidió una cerveza sin alcohol y un bocadillo de tortilla de patatas que no pudo terminar. La comida se le quedaba atravesada en la garganta. Todo lo tenía guardado en el final de su boca.

En las mesas colindantes, jóvenes que terminaban su jornada reían alrededor de unas cervezas y unos cigarros. Hizo una mueca al verlos fumar. Aunque ellos parecen felices, pensó. Las parejas se abrazaban y todos se saludaban como si en aquel lugar nadie fuera extraño. Helena observaba aquellas escenas como una fotografía de la que no formara parte.

Helena no formaba parte de nada.

Escuchó el campanario dar las cuatro de la tarde. Abandonó aquel bar en el que se refugiaría algunas tardes y paseó sin rumbo por la ciudad. Observó a los niños jugando en un parque repleto de hierba fresca; un jardín que, anteriormente, había sido el cauce natural del río. Penélope podría ser una de esas pequeñas que correteaban por el suelo. Se le escaparon unas lágrimas que apartó con la mano y continuó caminando. Anduvo calle abajo hasta que escuchó un sonido extraño para ella; un sonido que coincidía con el del agua del río chocando sobre las piedras. Soltó la correa de la mestiza y dejó que se remojara las patas en el agua fría. Ella, mientras, miraba su abundante caudal y las piedras que había arrastrado la corriente.

Nunca supo Helena cuánto tiempo pasó así, observando, pero cuando sintió el fresco de la tarde volvió a la calle principal y continuó andando hasta que descubrió, casi en las afueras del pueblo que quería hacer suyo, un camping con casas de madera. Se acercó a la recepción y pidió alojamiento para una sola noche. No tenía pensado quedarse más tiempo. A la mañana siguiente buscaría un apartamento en el que pasar una larga temporada.

Tan larga, que no sabía cuánto duraría.

A la una de la mañana, sin poder dormir, se sentó en el sofá de aquella casa de madera y miró hacia la puerta. Llevaba sin comer desde el mediodía y en el estómago sintió un vacío, como si un agujero ocupara su vientre. Pese a todo, no salió a buscar comida. Cogió a Tara, así había bautizado a aquella pequeña mestiza negra, se la colocó sobre el regazo y la acarició hasta que vio cómo se le cerraban los ojos marrones. Sintió envidia de la cachorrita, de esa calma que parecía desprenderse de su cuerpo menudo.

Helena no estaba en calma.

El corazón le palpitaba a un ritmo acelerado, las manos le temblaban y las sienes le apretaban su cerebro, aunque a ninguna de todas esas sensaciones quiso atender. No le importó. Parecía que quisiera sentirse mal, sentir dolor, angustia y temblor. Helena seguía mirando hacia la puerta como si nada de lo que su cuerpo le decía se pudiera oír. Pensaba que si no lo escuchaba se dormiría y a la mañana siguiente despertaría en la cómoda habitación de su casa, con el sonido del primer tren al pasar por debajo de su ventana; o tal vez se levantaría con el ruido de su madre al poner una lavadora, o con el de Jaime preparando el desayuno, o incluso con el de Carlos caminando por el pasillo.

Tal vez si no escuchaba los sonidos que le transmitía su cuerpo, todo se volvería oscuro y ella oiría de fondo a Jaime y a Fifín hacer el amor. Quizá, si no escuchaba a su cuerpo, si seguía mirando hacia la puerta, podría olvidar que estaba a quinientos kilómetros de su casa, lejos de Fifín, de Jaime, de Carlos y de María. Lejos de la pequeña Penélope. Lejos de su vida.

Helena supo que estaba lejos de todo y de todos.

Y lo que era peor, supo que estaba sola.

Ella, que siempre buscaba compañía; ella, que siempre había tenido una vida organizada; ella, que tenía un plan perfecto en pareja; ella, Helena Sabater, estaba sola. Sola y desacoplada.

Mientras seguía mirando hacia ninguna parte, se preguntó cómo se recomponía algo descompuesto, cómo se afronta la soledad, cómo se empieza desde cero, sin casa, sin trabajo y con la única compañía de una perra, tan abandonada como lo estaba ella, en aquel lugar que, años atrás, le pareció perfecto.

2

Una semana tardó Helena en encontrar casa. Cuando lo hizo fue a parar a un lugar alejado del bullicio del pueblo. No lo había planeado así, pero mientras tomaba café en un bar de la carretera que conducía a Andorra, le preguntó a la dueña si sabía de alguien que pudiera alquilarle una casa para mucho tiempo. La mujer, casi de la misma edad que Helena, pero con un hijo y un negocio a sus espaldas, le dijo que ella misma se lo alquilaba, si no le importaba tener que coger el coche para todo, pues en aquel lugar solo había una vecina, dos pastores que acudían allí a pasear al rebaño y ninguna tienda. A Helena le pareció el lugar perfecto. Nadie con quien hablar, nada que hacer y ningún rincón en el que refugiarse al acabar el día más allá de su casa.

Sí, era perfecto. Helena y su soledad.

Siguió a Rosa por la carretera mientras pensaba cuánto era mucho tiempo; si eso significaba lo mismo que para siempre, o si pasada una semana volvería a necesitar el estruendo de la ciudad. Quizá Fifín la llamara e hiciera como si no hubiera pasado nada. Entonces Helena le diría que se quedaba unos días más y después volvería a casa. Tal vez todo eso ocurriera. Tal vez.

Mientras, ella se quedaría en esa casa menuda, con una entrada de madera situada al lado de otra casa, todavía deshabitada.

—Esa de ahí también es mía. —Rosa sacó a Helena de su ensimismamiento— Es muy grande y no logro alquilarla. A veces a alguna familia para pasar unas semanas durante el verano, pero poco más. Esto está demasiado lejos.

Helena no sabía qué decir. La mujer era muy amable para lo poco comunicativa que estaba ella. Le agradecía la atención que le prestaba, pero Helena quería quedarse sola. No quería hablar, solo deseaba entrar en la casa, deshacer las maletas y cerrar la puerta para sentarse en el sofá mirando a ninguna parte, acariciando el lomo de su mestiza y esperando que en algún momento sonara el teléfono.

Helena aprendió a vivir así. Sin hablar, sin mirar a ninguna parte, sin comer apenas. A esto último ya se había acostumbrado, aunque no lo dijera en voz alta, cuando descubrió lo que Andrés hacía con ella. Por eso adelgazó casi ocho kilos. Por eso pesaba cincuenta y dos. Por eso sabía que podía seguir sin comer, aunque la mayor parte del día tuviera emplazado en su estómago un hueco tan enorme que, a veces, le producía arcadas.

Mientras ella aprendía todo eso, Tara descubrió cómo salir y entrar de la casa cuando se abría la puerta, pese a que Helena nunca la acompañara. Aprendió a merodear por el huerto vacío y a escarbar en la tierra antes de que su dueña le silbara y supiera que tenía que entrar de nuevo. Tara aprendió, como Helena, que estaba sola, y que el único refugio que compartían, el único lugar al que volver, era esa casa abuhardillada con un pequeño sofá marrón en el que, cada noche, acababan por habitar dos seres que se habían quedado solos, que no se hablaban, aunque eran capaces de acariciarse hasta cerrar los ojos y aguardar a que se hiciera de día una vez más.

Tara lamió las manos de Helena esperando que todo cambiara esa mañana cualquiera. Ella, somnolienta, la acarició y pensó que hasta ese instante no había prestado atención al acto cotidiano que era despertar. Oír el reloj y seguir durmiendo. No levantarse. Permitirse veinte minutos más en las sábanas calentadas por el propio cuerpo. Diariamente, acababa por poner un pie en el frío suelo, sentía su helor desde la punta de los pies hasta la espalda y notaba al mismo tiempo cómo latía el corazón.

Eso significaba estar viva. Helena era consciente de que despertarse era estar viva, de que ella no quería morir, de que no quería dejar de vivir, de que no quería olvidar cómo se preparaban unas tostadas de aceite y un café.

Pero lo que no sabía entonces era cómo seguir levantándose y cómo seguir viviendo, aunque hubiera encontrado una casa abuhardillada, lejos de todo y de todos, en la que refugiarse.

3

Helena conocía lo que era aquello. Lo había sentido más de una vez. La tensión acumulada durante meses, tal vez años, afloraba ahora en su cuerpo. No estaba tranquila, claro que no. Se había alejado de su familia por culpa de Andrés. No lloró cuando consiguió abandonarlo. O al menos no tanto como se esperaba de una situación como aquella, porque todo se lo guardó dentro, y cuando no pudo más gritó a quien tenía cerca. Y fue a su madre.

Ahora, tumbada en el sofá marrón de su nueva casa, con los ojos cerrados y respirando hondo, pedía, a no sabía bien qué dios, que aquello no fuera a más. Los oídos le zumbaban de forma insistente, la cabeza le ardía desde dentro y no había forma humana de que sus ojos mantuvieran la mirada quieta. Por ese motivo los había cerrado. Para no ver. Mientras esperaba a que todo pasara, atravesaron por su mente las imágenes de los últimos meses en casa. Su estancia en el hospital se alargó más de lo previsible porque algo se complicó. Cómo no se iba a complicar si toda la vida de Helena se hundía poco a poco. Todo lo que había planeado, cada una de las historias que imaginaba en su cabeza, su futuro inventado desde la adolescencia, se rompió.

No había llegado aquel príncipe con el que sueñan las adolescentes, tampoco consiguió que se instalara en su vida una amistad maternal llegada la madurez. Helena había cambiado a su príncipe azul por un príncipe gris marengo, y una relación cómplice con sus padres por una relación inestable llena de enfados y encierros en una habitación plagada de lágrimas y rencor.

Aquel rencor no era hacia sus padres, ni tan siquiera hacia Andrés, al que odiaba ya, sino hacia ella misma por no enfrentarse a él igual que había hecho, desde siempre, con todo lo que Helena consideraba injusto. El rencor crecía dentro de ella y se apoderó de sus entrañas como una garrapata se apodera de un cuerpo y va chupando la sangre poco a poco hasta que consigue acabar con la persona.

El corazón comenzó a palpitarle a Helena rápidamente. Sintió miedo. Cerró los puños con fuerza y respiró hondo una y otra vez hasta que logró acompasar el ritmo de su corazón al del aire que aspiraba. Sin embargo, seguía sin llorar. Ni una lágrima. Se odiaba a sí misma, también, por no llorar. Cómo era posible que ella, que tanto quería a su familia, que tanto había querido a Andrés, no derramara ni una lágrima. Muchas veces se sentía podrida por dentro, como si hubiera perdido la capacidad de conmoverse, como si nunca pudiera volver a sentir dolor. Eso la aterraba todavía más.

No volver a sentir.

Tomó aire y abrió los ojos. Todo parecía estar en su sitio. Y aunque las piernas le temblaban, creyó que podría permanecer sentada sin que su cuerpo se apagase por unos segundos y desconectara de la realidad para no enfrentarse a lo que sentía.

Cruzó las piernas encima del sofá. Recostó su cabeza y cerró de nuevo los ojos. Había pasado demasiado tiempo, pero Helena, o al menos su cuerpo, reconoció cuánto daño le había hecho Andrés y cuánto ella a sus padres. Por primera vez se dio cuenta de lo ocurrido. Por fin dejó de mirar a un punto vacío. Apretó de nuevo los puños, aunque esta vez no fue por miedo a desmayarse sino porque Helena descubrió cómo le habían arrebatado su vida, cómo habían acabado con ese pequeño gran proyecto de vida que tenía ella: ser feliz.

Helena se sintió vulnerable y rota. Miró hacia el techo con vigas de madera y, sin saber cómo, lloró. Todo lo que había guardado dentro salió en los quince minutos que duró aquel llanto. El corazón se le encogió varias veces, se empequeñeció, pero no era más que la necesidad de tomar oxígeno, de tomar aliento para poder vaciar toda la tensión acumulada durante años.

Cuando recobró la conciencia total sobre su cuerpo y se sintió con fuerzas, tomó el móvil y buscó el teléfono de Carlos. Acarició a Tara, que se había mostrado impasible ante el letargo de Helena, o al menos eso le pareció a ella, pues durante su semiinconsciencia, la mestiza le había lamido varias veces y había recostado su cabeza sobre las piernas de su dueña, con los ojos bien abiertos, alerta, por si necesitaba ayuda.

A Helena le temblaban las manos. Iba a marcar el número de Carlos cuando se dio cuenta de que eran las seis de la mañana.

4

Recordaba bien cuántos años habían pasado. Por aquel entonces, Helena tenía nueve años. Estaban en el apartamento de la zona costera que adquirieron los padres de Fifín en 1970. Con los abuelos pasaba todos los veranos, hasta que llegaba el mes de agosto y Fifín y Jaime se incorporaban al veraneo del que ya llevaban disfrutando Carlos y Helena más de un mes.

En su memoria todavía podía dibujar el primer fin de semana después de que les entregaran las notas del colegio. Ese sábado, Fifín cogía el 127 marrón lleno de maletas, sin aire acondicionado y sin cinturones, y emprendía viaje hasta el apartamento donde dejaba a sus hijos a los que solía visitar todos los fines de semana. Los dos hermanos disfrutaban de la libertad que da vivir con los abuelos cinco días a la semana, pues ellos les consentían todo lo que jamás les hubieran permitido Fifín y Jaime.

Por las mañanas se levantaban, la abuela les preparaba el desayuno mientras ellos se ponían el bañador. El abuelo ya había salido a pescar anguilas en un río cercano. Después, Carlos y Helena tomaban la leche a toda prisa y salían corriendo en dirección a la playa, donde esperaban a los amigos del verano sin pensar en otra cosa que jugar en la arena, en el agua o en las mismas rocas, porque el peligro, cuando uno tiene nueve años, no existe.

Al mediodía volvían a casa, llenos de arena y cansados de tanto sol, se sentaban a la mesa y comían aquello que Amparo les hubiera preparado con todo el amor con el que una abuela cocina a sus nietos. Durante la comida hablaban de trivialidades, de cómo habían enterrado a Emilio en la arena, de cómo Julia se alejó demasiado de la orilla, de cómo habían ido andando casi una hora por la playa y ahora les quemaba la espalda. De eso hablaban, y los abuelos sonreían, porque no había nada mejor en la vida que pasar unas vacaciones con los nietos.

Mientras el abuelo Antonio y Carlos dormían en la misma cama la siesta, Helena se sentaba en el último peldaño de una escalera y esperaba, la mayor parte de las veces leyendo, a que la abuela acabara de recoger la cocina. Entonces, en silencio, despertaba a Carlos y los tres jugaban a las cartas en la terraza de aquel apartamento. Cualquier juego era bueno: el tute, la brisca o el cinquillo; cualquiera era bueno para dejar pasar el tiempo y que la digestión hiciera su camino, porque antes estaba prohibido volver a la playa y nadar.

Eso sí, en cuanto acababa ese proceso digestivo, Carlos y Helena se introducían dentro de sus respectivos bañadores y salían huyendo a la playa a reunirse, de nuevo, con sus amigos de viaje, con los que una vez compartió el rescate de un gatito, alguna brecha en la cabeza corriendo por el jardín de los apartamentos, algún que otro helado demasiado grande y muchas películas en aquel cine al aire libre en el que estaba permitido todo, desde comer un bocadillo hasta dejarse rozar por la mano de algún amigo, que ese verano, aunque no lo pareciera, se había hecho mayor.

También Helena recordaba cómo, cuando llegaba el fin de semana, Fifín y Jaime aparecían en el apartamento de tres habitaciones y un solo baño, e impedían que los permisivos abuelos consintieran más de lo acostumbrado a sus nietos. Muchas veces Helena los escuchaba reír mientras preparaban la cena, sobre cómo Carlos vomitó una noche porque se había comido dos helados seguidos y después ponía como excusa que le había sentado mal la cena; aunque todos sabían qué había pasado, porque si algo tenía la abuela era que conseguía sacarle a Helena cualquier información que necesitara. Las dos compartían complicidades diarias, la mayoría de las veces antes de acostarse, cuando Amparo cepillaba el pelo largo de Helena al hacerle unas trenzas para dormir, porque así mañana se te quedará el pelo ondulado, le decía.

Había muchas cosas que Helena recordaba de aquella época, pero sobre todo le venía a la cabeza el olor a mar por la mañana; olor a salitre que recorría todo lo ancha que era aquella zona costera. En su memoria se aparecía también el viento de montaña, casi primaveral, que rozaba su cara cuando alguna mañana que despertaba antes de lo previsto y acompañaba a la abuela con su bicicleta a comprar al supermercado que estaba al otro lado del pueblo. Recordaba ese viento, que no era frío, aunque refrescara lo suficiente como para poder aspirarlo profundamente y enfriar los pulmones. Pero sobre todo, Helena recordaba de esos años las dunas de la arena, cuya ascensión significaba llegar al paraíso en el que una playa, entonces casi virgen, se abría ante sus ojos. Muchos fueron los días que Helena, acompañada de sus amigos, había apoyado su espalda contra ellas y se había dejado acariciar por la arena de la tarde, mientras las primeras miradas furtivas, los primeros besos y los primeros amores de verano hacían su entrada al tiempo que ellos se iban haciendo mayores.

Helena recuperaba en su memoria aquel tiempo en el que estaba segura de que la felicidad era exactamente eso que sentía cuando era niña. Esa sensación que te hace invencible, porque nada puede ir mal si tienes a tus abuelos en la casa, a tus padres contigo riendo cada uno de los secretos, que no lo son tanto; si tienes a tu hermano durmiendo en la cama de al lado; si tienes a tus amigos a cada instante; si tienes una arena fría en la que clavar tus pies justo cuando el sol comienza a levantarse.

Si existía eso, para Helena, el mundo era un lugar perfecto en el que habitar.

Sin embargo, ahora, dieciocho años después, tumbada en el sofá y mirando no sabía bien hacia dónde, se preguntaba dónde quedó aquella niña de pantalón de pana, dónde había ido la felicidad de esa pequeña de coleta baja y ojos marrones que jugaba en la arena de la playa, mientras Fifín la observaba de cerca, para que nadie pudiera arrebatarle a su pequeña.

5

Dos meses habían pasado desde que llegara a Pirineos. Llevaba años esperando tener suficiente dinero para poder escapar de su ciudad natal e irse a vivir a aquella zona paradisíaca en la que ahora estaba instalada. Sin embargo, ese lugar se convirtió casi en una cárcel para Helena. Las montañas deseadas, el fresco río y los senderos frondosos no fueron visitados por ella, pues se había recluido en una casa abuhardillada de un pueblo alejado de todo y de todos.

Una casa que, después de dos meses, seguía sin oler a nada; completamente aséptica, sin olor a limón, su esencia preferida, sin olor a comida, sin olor a hogar.

No había tampoco sonidos más allá de los ladridos de Tara cuando reclamaba la atención de Helena, quien seguía encerrada en su mundo. Durante la semana hablaba por teléfono con María y con Carlos; ellos eran su único contacto con la vida anterior, aunque siempre mentía un poco. Les decía a ambos que estaba bien, que el valle era perfecto, que se despertaba cada mañana y daba un paseo por el campo antes de bajar a la ciudad y tomarse un café. Que por las tardes se había acostumbrado a ir al río a pasear, que Tara jugaba en el agua mientras ella se refrescaba los pies en la orilla. Todo eso decía Helena; eso, y que le habían contado que en invierno hacía mucho frío, que todo se quedaba nevado, que se hacía muy duro esperar a la primavera. Carlos y María le decían que para entonces ella tendría que volverse, porque no había nada en el mundo que Helena odiara más que el frío. Ella, entonces, se reía y les decía que estaba casi segura de que sería así.

Todas esas invenciones les contaba Helena que, en cuanto colgaba, volvía a su estado inicial que era, desde hacía dos meses, paralización.

Una vez a la semana bajaba al supermercado del pueblo para abastecerse de pan, queso, alguna pizza y comida preparada que recalentaba, en muy pocas ocasiones, cuando el hambre acechaba tanto que era imposible detenerlo con una rodaja de pan. Dos meses. Solo dos. Pero para Helena habían sido una condena. A cada minuto se preguntaba cómo había llegado a un estado como aquel y cómo iba a salir si su mente únicamente le permitía recordar su pasado. Las imágenes rememoraban cada año vivido, desde la infancia hasta el fatídico doce de mayo; desde que Helena jugara en la playa bajo la mirada atenta de Fifín hasta que cogió su maleta y se marchó de la casa de sus padres.

Helena quería cambiar, hacer un esfuerzo por salir al exterior, observar a su alrededor. Explorar cada uno de los espacios recónditos que escondía la aldea casi deshabitada, descubrir por qué, allá, lejos, a alguien se le ocurrió hacer dos casas idénticas, una al lado de otra, tan cercanas que parecía que quisieran tocarse.

Todo eso quería Helena ahora que había llegado el verano a la parte alta del Pirineo.

Y creyó que se haría realidad aquel lunes veinticuatro de julio cuando volvió a mirar el Alcatel azul que, horas atrás, marcaba las seis de la mañana. Se levantó pensando que aprovecharía su salida semanal para lograr ese objetivo que llevaba demorándose demasiado tiempo. Abrió la puerta de la calle para que Tara saliera mientras ella se preparaba el desayuno, que la mayoría de veces acababa por compartir con la mestiza negra. Se sentó en la silla esperando a que volviera, al tiempo que apretaba las manos sobre la taza de café. Al escuchar el ladrido en la puerta, se levantó y repartió con ella su tostada.

Subió a la habitación. Las escaleras se le hicieron más pesadas de lo habitual y vestirse fue una crueldad a la que no quiso someterse. Se tumbó en la cama y esperó. Cuando recobró la fuerza suficiente como para incorporarse, cogió unos vaqueros, los primeros que encontró esparcidos por el suelo, una camiseta arrugada y las mismas botas de montaña con las que había pasado la primavera.

Bajó las escaleras dispuesta a salir, pero el cuerpo le pesaba tanto que fue incapaz de llegar a la puerta. Pensó que, una vez más, no lograría telefonear a Carlos para decirle eso que tanto tiempo había esperado en su pecho. Desistió y dejó que el tiempo la invadiera despacio. A ratos se levantaba e iba a la cocina, bebía agua y volvía al sofá. De la estantería tomó uno de los libros que fingió leer e intentó entretenerse con algunas de las historias que narraba, aunque fue en vano, pues su mente pronto marchaba a los meses anteriores, a los años pasados, donde revivía de forma incesante acontecimientos que quería olvidar.

Muchas veces Helena pensaba cuán divertido sería borrar del cerebro un acontecimiento nefasto, como si fuera un archivo de ordenador del que quisieras deshacerte. Enviarlo a la papelera, dejarlo ahí por un tiempo y después eliminarlo definitivamente, que no pudiera volver. Sin embargo, el cerebro es demasiado caprichoso como para consentir que seamos nosotros quienes elijamos qué se va y qué se queda. Y el de Helena había decidido que cada uno de los instantes pasados con Andrés aflorara a cada instante; había decidido que el enfrentamiento con su madre apareciera una y otra vez, una y otra vez, sin que ella pudiera hacer nada por borrar esas imágenes de su cabeza.

Más de una noche, tumbada en el sofá, se había encontrado repitiendo en su memoria cada una de las frases, cada una de las palabras que Fifín y ella se dijeron, sin pensar en las consecuencias; sin pensar en el dolor que originarían; o, quizá, y eso era lo peor, conscientes cada una de ellas, Fifín y Helena, del daño que podían causar en la otra.

A las dos de la tarde seguía en la misma posición que había adoptado horas atrás. Tara, en cambio, movía el rabo en la puerta de la casa esperando que le abriera para dar un paseo. Helena se levantó, giró la llave y, a diferencia de lo que había estado haciendo esos meses, esperó de pie apoyada en el marco de la entrada, mientras veía cómo se alejaba la perra en busca de un lugar en el que entretenerse. A su vuelta, le llenó un cuenco de pienso, otro de agua, le acarició el lomo y tomó las llaves del coche. Bajó hasta el pueblo. Se sentó en la terraza de un bar desde el que se podía observar el río y pidió un plato de arroz con setas y una botella de agua. Mientras esperaba que Cristina, así se llamaba la dueña, le trajera su comanda, se fijó en las personas que había en las mesas colindantes: alguna que otra pareja que había llegado hasta allí en moto, unos cuantos trabajadores de los alrededores y al fondo, una familia.

Dos niñas, casi idénticas, de unos nueve años, comían macarrones con tomate mientras sus padres brindaban con una copa de vino. Le llamó la atención aquella pareja. Se miraban como si no hubiera nadie más en el mundo que ellos dos y se acordó de Andrés, de cómo ella lo miró así durante años. De Andrés pasó a Fifín y a Jaime. A ellos nunca los había visto mirarse así. Sintió pena. Le hubiera gustado que las sonrisas que se prodigaba esa pareja hubieran sido de sus padres. Olga y Carlos sí se miraban así. Tuvo envidia de ellos. Tan felices.

Se preguntó, de pronto, cuándo había dejado de mirar a Andrés con aquel amor.

Cristina la sacó de su ensoñación, cuando le dejó caer el plato entre los cubiertos perfectamente alineados. Comió. Permitió que el sabor quedara atrapado en su boca. Se recreó en cada cucharada. Terminó, por primera vez, un plato entero de comida y esperó impaciente el postre. La familia sentada al fondo del bar tomaba café y las dos pequeñas un helado de vainilla y chocolate. Recordó entonces cuando Carlos y ella eran pequeños, y sus padres los llevaban a la heladería que había en la avenida cercana a su casa, donde les compraban un enorme cucurucho con chocolate. Después, los cuatro juntos, se iban hacia el parque y pasaban allí la tarde. Carlos volvía impoluto como cuando había salido de casa; Helena, con alguna mancha de chocolate y los zapatos llenos de tierra después de dejarse atrapar por ella al caer del tobogán.

Nunca más volverían esos días en los que los cuatro eran felices. Sintió la necesidad de levantarse y decirle a aquella familia que disfrutara de esos momentos, que no se hicieran daño, que no discutieran por si se iban a la cama antes o después, que se dejaran impregnar por el olor a verano, por las comidas fuera de casa, por el aire de las montañas, por el sabor del chocolate. Le hubiera gustado decirles que no había momentos más felices que esos que ahora mismo estaban viviendo. No había nada más en el mundo. Nada hacía más feliz a una persona que las risas de los niños, que los gritos de unos padres cuando la habitación se queda sin recoger, que las comidas compartidas cada día, que los besos de buenas noches. Nada había en el mundo más feliz que una familia.

Ella, que la había perdido, quiso gritarles esas palabras, pero se limitó a dejar rodar alguna lágrima por su mejilla, que limpió disimuladamente. Después, consumió el postre, pidió un café y no volvió a mirar a aquella familia. Cuando salió del bar, se dirigió al supermercado. Compró comida preparada, pan para congelar y queso. Sin pensarlo, se dirigió a la nevera y observó los helados. La abrió tres veces y estiró su brazo hacia el de chocolate sin atreverse a tocarlo. Al fin, lo cogió, lo metió en la cesta y se fue a la caja.

Ese día, veinticuatro de julio, un lunes cualquiera, Helena, por fin, no quiso volver a casa. Algo la empujaba a quedarse en aquel lugar. Subió al coche y tomó la carretera. Cuando llegó al final del pueblo giró a la izquierda; al fondo, volvió a ver el bar en el que había comido. Giró a la derecha y se introdujo en el camino que llevaba al río. Aparcó. Sabía que el helado se descongelaría. No le importó. Prefería dejarse arrastrar por su cuerpo hacia las piedras que bordeaban el camino.

Miró al horizonte. El sonido del río era lo único que podía escuchar. Pensó en lo feliz que hubiera sido su abuelo si hubiera tenido un río como aquel en el que ir a pescar cada mañana. Sonrió. De su bolsillo Helena sacó el teléfono móvil y lo observó con cuidado. La pequeña pantalla se encendió. Había empezado a marcar un número conocido por ella. Al otro lado oía una voz familiar que le repetía las mismas cotidianeidades que había escuchado cada día desde hacía dos meses. Ella no dijo nada. Y quien hablaba al otro lado no intuyó que aquella vez la llamada tenía un significado diferente. Helena se limitaba a contestar monosílabos y a reír algunas de las bromas que escuchaba. Nada más. Nada, hasta que de su boca salió una única pregunta:

—¿Cómo están mamá y papá?

Carlos tardó unos segundos en reaccionar. Nunca antes Helena preguntó por ellos y no sabía bien qué tenía que contestar.

—Al papá le han sacado un poco de colesterol en la última analítica.

Era una respuesta absurda después de meses de espera. Carlos había imaginado en muchas ocasiones qué le diría a Helena cuando preguntara por Jaime y por Fifín. Sin embargo, después de un tiempo, olvidó qué era lo que tenía que responder.

—¿Pero está bien? ¿Se tiene que medicar? ¿Hay que hacerle más pruebas?

Helena había formulado todos los interrogantes sin respirar siquiera.

—No, no, no; solo controlarse algo en la comida y ya está. Yo creo que no tiene nada. Estuvieron en el balneario y seguro que allí comió más. Y claro, pues ha salido la analítica regular, pero no hay que darle más importancia.

—Pues la mamá se habrá puesto buena. Me la imagino renegándole y diciéndole que ella ya se lo había advertido.

Helena y Carlos se reían a la vez.

—Pensé lo mismo.

Siguieron riendo hasta que se hizo un silencio incómodo. A través del teléfono se podían oír las respiraciones de los dos hermanos sin que ninguno dijera una sola palabra. Helena estuvo a punto de preguntar por Penélope o por el trabajo o por la nueva casa de campo que había comprado su hermano, pero su cabeza le repetía la misma pregunta.

—¿Cómo está la mamá? —dijo al fin.

Carlos tendría que haber aprovechado esa oportunidad que se le brindaba para decirle a Helena que no estaba bien del todo, que desde que ella se fue lloraba más de lo habitual, que había adelgazado unos kilos y que, aunque no lo dijera en voz alta, porque Fifín, a fin de cuentas, era igual de orgullosa que Helena, la echaba de menos. Todo eso tendría que haberle dicho a Helena.

—Bien, está bien, como siempre. En casa, organizándolo todo y ayudándonos con Penélope, porque como Olga y yo estamos trabajando, la verdad es que es la que se encarga. No sé qué haríamos sin ella.

—Qué suerte, sí. A la mamá siempre le ha gustado organizarlo todo y seguro que estará encantada de cuidar de Penélope. Madre mía, si es que es un encanto esa pequeña. Cualquiera querría cuidarla.

—Sí, la verdad es que se porta fenomenal. Y la mamá lo hace muy bien. No la malcría nada.

—Hombre, menuda es ella. —Rio Helena. Aquella frase no sonó a crítica sino a elogio—. Siempre sabe dónde poner los límites y eso es bueno. Ya que ha de hacerse cargo de Penélope, mejor que la eduque.

—Lo sé, aunque a veces me da pena. Los abuelos están para consentir y la mamá, la pobre, no puede.

—No te martirices. Seguro que las dos se quieren con locura. Y seguro que le consiente más de lo que os imagináis.

—La verdad es que sí. Hace cosas con ella que ni de lejos nos hubiera permitido a nosotros.

—¿Ves? Porque ahora no tiene que ser madre, solo abuela cuidadora, y eso le da un margen.

Helena y Carlos siguieron hablando de Fifín, de Jaime, de Penélope, de la nueva casa, de lo que Helena había llamado hasta entonces: la vida. Estuvieron hablando como si nada hubiera pasado, como si ella se hubiera trasladado de ciudad porque sí, como si nunca hubiera habido una disputa entre madre e hija, como si nunca hubiera salido huyendo. Sin embargo, todo eso había pasado y los dos lo sabían. Quizá por eso, Carlos, cuando llevaban más de una hora hablando por teléfono, le preguntó:

—¿Vas a llamarla?

Helena quería decir que sí.

—Tú dile que hemos hablado, ¿vale? —Evadió la respuesta.
—Le diré que me has llamado y has preguntado por todos.
—Dale un beso a Penélope.
Volvió a escucharse el silencio entre los hermanos.
—La mamá, si quiere, puede llamarme.
Y así, sin decir más, Helena colgó.

6

Tras la conversación con Carlos, Helena parecía sonreír. Se levantaba por la mañana y, tras el desayuno, salía a dar un paseo. Había descubierto, por fin, las montañas que podía vislumbrar desde la pequeña terraza que bordeaba la casa. Se quedó embelesada con el valle, con los diferentes verdes que le daba la naturaleza y con los matices marrones que se observaban en la ladera de las montañas. Se enamoró, incluso, del arándano situado al lado de su casa, justo delante de la huerta que todavía no había querido sembrar. Helena descubrió el techo de pizarra negra de su propia casa, los colores de las piedras con las que la construyeron, y que resaltaban sobre las marquesinas de color marrón.

De todo eso se dio cuenta los días siguientes en los que pareció sonreír.

A veces, sentada en las mesas de madera del jardín, mientras Tara correteaba por el verde prado, pensaba que ese era el lugar perfecto en el que refugiarse del mundo. La paz que proporcionaba aquella aldea en la que había ido a esconderse era perfecta. Ese, y no otro, hubiera sido el lugar elegido por Helena para descansar. O al menos eso quería creer ella, que se aferraba a la eterna idea de que Fifín la llamaría y pronto volvería a ser como había sido siempre, con ella, con Jaime y con Carlos. Con Olga y con la pequeña Penélope. Los seis juntos. Una familia.

Pero los días pasaban y Fifín no telefoneaba. Y Helena volvió a creer que esa aldea era la única en la que desaparecer, la única en la que nadie pudiera encontrarla y la única en la que ella podía estar sola. De los paseos por la montaña pasó a un encierro casi total como el que se había producido meses atrás. De nuevo la puerta de entrada se abría por las mañanas y dejaba escapar a una mestiza que, poco a poco, volvió a acostumbrarse a las ausencias de Helena, quien se sentaba en el sillón del comedor y volvía a recordar, uno a uno, los momentos en los que Fifín y ella dejaron de ser madre e hija.

—Mamá, hace seis meses que no salgo con Andrés. No permitas que entre en casa.

—A saber lo que habrá pasado. Tan buen chico que es.

—Se ha acabado, fin. No quiero que vuelva a venir a casa.

—¿Pero cómo le voy a prohibir la entrada? Si llama, tendré que abrir.

—Le dices que no estoy.

—Él quiere esperarte.

—Pues le dices que no volveré esa noche.

—A mí no me hagas decir mentiras, que no me gusta.

—El próximo día que llegue a casa y esté él, me voy. A ver si así os dais cuenta de que ya no estamos juntos. Llevaba meses queriéndole dejar y cuando lo consigo, te tengo a ti abriéndole las puertas de casa.

—Porque no has querido contarnos nada de lo que ha pasado, así que para nosotros sigue siendo como antes.

—Pues no es como antes, porque yo quiero hacer otras cosas y él sólo piensa en casarse. —Mintió

—Porque te quiere.

—Yo a él no. Se acabó. —Helena subía el tono de su voz, enfurecida como estaba porque no conseguía alejar a aquel ser de su vida—. Prefiero seguir con mi trabajo y viajar. No voy a dejarlo todo por casarme.

—Es que él no quiere que dejes de trabajar, hija. Eso te lo estarás imaginando tú.

—No me imagino nada. Gano más dinero que él y no le gusta. Tengo que viajar y no le gusta. Quiero marcharme de aquí a un sitio tranquilo y vivir otras experiencias y tampoco va a acompañarme en eso.

—Desde que entraste en la universidad esa, estás muy rara. Creía que con Andrés la cosa se arreglaría, pero hija mía, qué ilusa soy.

—Estoy igual que siempre.

—Lo que tú digas. La mamá también dejó de trabajar para estar con vosotros, ¿y qué?

—¿Qué? Que siempre dices que te has arrepentido, que si fuera hoy no dejarías tu trabajo. Y ahora resulta que yo sí tengo que dejarlo.

—No me arrepiento. Mira lo bien que estamos. ¿Tú te imaginas con las horas que trabaja papá si yo tampoco hubiera estado en casa? ¿Quién os hubiera cuidado?

—Pues haber trabajado tú y que nos cuidara él.

—Sí, Helena, sí. En tu mundo. En el de ahí fuera dejan de trabajar ellas, porque al final una madre es una madre.

—Y un padre, un padre.

—Ya no te digo nada más, porque es imposible hablar contigo. Cuando se te mete algo en la cabeza no hay manera de que entres en razón.

—Pues no me digas nada, pero aquí que no vuelva Andrés, porque no quiero verlo.

—Ni que fuera un ogro.

—He dicho que no quiero hablar más de esto.

—Tú siempre tan tajante en tus decisiones y sin pensar en los demás. Con lo ilusionado que estaba él contigo. Si va a ser siempre así, aquí no me traigas más novios, ¿entiendes? Que después el mal rato nos lo llevamos tu padre y yo.

—Sí que pienso en los demás, mamá, y en mí.

—En ti, sí. Siempre. A cada consejo que te damos nos das la espalda. Y ahora que te pregunto qué ha pasado con Andrés, me contestas también con evasivas, que si no quieres dejar de trabajar, que si ganas más, que si quieres irte a un poblacho... Con lo bien que estarías tranquila con un marido que te cuidara, con solvencia económica, hija, que eso ya es mucho en estos días, una familia como la nuestra, por ejemplo.

—Igual no quiero una familia como la nuestra. Igual quiero otra diferente.

—Pues para no querer una como la nuestra, no te despegas de aquí.

Esa era la conversación que más veces se repetía en la cabeza de Helena, cuando se quedaba mirando a ninguna parte.

De nuevo, la casa abuhardillada volvió a ser un hogar sin olor.

7

Sentada en la cama, Helena escuchó el sonido del teléfono. Se levantó despacio, abrió el bolso y extrajo su móvil. En la pantalla aparecía el número de María. Casi sin fuerzas, regresó a la cama y cuando pensó que sería capaz de fingir una felicidad inusual en ella, le devolvió la llamada. Los saludos y las próximas vacaciones de María parecían dominar la conversación en la que Helena dijo estar en el río con Tara.

—Hace un día precioso. Hay mucha luz y los turistas todavía no han encontrado la parte más escondida del río donde estoy.

—¿Pero estás en el río? ¿En el pueblo?

—Sí, sí; he venido a que la perra se refresque y juegue un rato.

—¿Dónde está ese río?

—A las afueras. Tiene difícil acceso en coche.

—¿Y tú vas andando desde la aldea?

—No, no; bajo en coche y después ando.

—¿Cómo llego? —María se descubrió antes de lo previsto.

—Cuando vengas te lo enseñaré.

—No, cómo llego ahora.

—¿Cómo ahora?

María se reía al otro lado del teléfono mientras Helena palidecía.

—Ven a buscarme, venga. Estoy aquí. He venido a pasar unos días contigo. Te quería dar una sorpresa.

Helena no decía nada.

—¿Helena?

Nada.

—Helena…

María supo entonces que su amiga había estado mintiéndole durante todo ese tiempo.

—¿Dónde estás? —preguntó con tono sombrío. La alegría y las risas se apagaron en un momento. Helena seguía sin contestar—. Por favor, dime dónde estás y voy a buscarte.

Silencio.

—No me cuelgues. Estoy aquí. Soy tu mejor amiga. Cuando quieras, puedes hablarme.

María sintió que se rompía por dentro. Tan cómplices ella y Helena y no había descubierto que su amiga no estaba bien. No supo descifrar el engaño cuando le decía que todo iba estupendamente. Mientras esperaba que Helena le dijera alguna palabra se preguntaba cómo había caído en su trampa. Su amiga seguía sin hablar. Esperó. Las dos habían aprendido a respetar sus silencios, sus ausencias. María sintió algo salado en los labios.

Al otro lado del teléfono, Helena seguía inmóvil, recostada su espalda sobre la almohada de la cama. En su mente se agolpaban imágenes de María llamándola, de viaje, tomando cafés, abrazándola cuando lo dejó todo. Las palabras, pero, no salían de su garganta. Y no salieron hasta que oyó, al otro lado, cómo María se sonaba.

—No llores —logró articular.

—Helena…

—No llores —repitió.

Ahora era María la que era incapaz de hablar.

—Si te mando una dirección, ¿sabrás llegar?

—Creo que sí.

—¿Dónde estás tú?

—Tengo al lado una oficina de correos.

—Sigue esa carretera, ¿vale? Es la de la Seu.

—¿Está muy lejos?

—No, poco más de seis kilómetros. Llegas en unos quince minutos. Verás unas casas de piedra. La más pequeña es la mía.

Las dos amigas dejaron de hablar. Helena se levantó de la cama y fue a vestirse, aunque pensó que ya no servía de nada seguir mintiendo a María. Con el mismo pijama que llevaba desde hacía una semana, bajó al piso de abajo a esperarla y, a continuación, encendió la Mini Moka que había comprado un mes atrás. La eligió roja, porque no quería que se pareciera a la que utilizaron durante años en la casa de Jaime y Fifín, que era negra. Giró hacia la derecha el botón superior y esperó a que la luz verde que lo iluminaba dejara de parpadear, mientras ella se entretenía preparando la carga del café.

Escuchó el sonido del motor del Megan plateado. María bajó del coche con semblante serio y se acercó a la casa pequeña justo en el instante en el que Helena abría la puerta. Se miraron. María abrazó a su amiga. Tara revoloteaba alrededor de ellas ignorante de lo que allí ocurría. O quizá sí lo sabía y por eso huyó hacia el huerto.

—¡Por el amor de dios, Helena! —María se echó a llorar.

—No te preocupes, estoy bien.

—¿Estás bien? ¿Por qué no me dijiste nada?

—Qué más da.

—Helena, estás fatal. ¿Tú te has visto? ¿Cuánto tiempo llevas...? —Dejó la pregunta en el aire, porque sabía de sobra la respuesta.

—Entra.

Cuando María se adentró en la casa sintió el frío de la soledad de su amiga. Por las ventanas apenas entraba luz. La oscuridad dominaba el habitáculo.

—Helena... —María no tenía palabras para lo que estaba viendo.

—¿Quieres un café?

Helena fregó dos tazas de la pila en la que se acumulaban los restos de comidas pasadas.

—¿Puedo abrir las ventanas? —Su amiga no soportaba más el olor que desprendía el cuerpo de Helena.

—Claro, como quieras, puedes abrirlas.

Cuando el sol consiguió entrar a la casa, María vio el estado en el que vivía Helena. El polvo se había adueñado de los muebles, había piezas de ropa por algunas de las sillas y en la encimera no cabía un objeto más.

María volvió a llorar.

Helena, casi sin inmutarse, dejó los dos cafés sobre la mesa y se sentó junto a ella.

—No tendrías que haber venido.

—¿Qué te has hecho?

—Estoy bien, de verdad.

—¿Cómo puedes decir que estás bien?

—Estuve unos días bien.

—¿Cuándo?

—Llamé a Carlos.

—¿Él sabe esto? No, claro que no. —Se respondió ella misma.

—Pensé que llamaría mi madre… y no llamó.

—Pues llámala tú si es lo que quieres, pero no puedes seguir así.

Helena tomaba el café sin querer atender a lo que decía su amiga, porque eso sería aceptar que estaba vacía; y Helena, aunque fuera evidente, no iba a admitirlo. Durante las horas siguientes, María la convenció para que se duchara, mientras ella, en la habitación, cambió las sábanas, recogió la ropa y le limpió hasta el último rincón de aquel piso abuhardillado. María abrió las ventanas de la casa y dejó que el aire fresco de la tarde lo impregnara todo.

A las diez de la noche, Helena seguía obedeciendo las órdenes de María, que había logrado que la casa semejara un lugar habitable. Después, preparó la cena, una tortilla de queso hecha con huevos que le proporcionaba la única vecina. Tenían un color cuasi amarillo, muy diferente del naranja chillón al que María estaba acostumbrada.

Helena ingirió, después de mucho tiempo, algo cocinado de forma natural.

Durante todo el día no hablaron de cómo estaba Helena, de por qué había mentido y de por qué había sido capaz de odiarse hasta ese nivel. De ninguna de todas esas cosas hablaron Helena y María. Tras horas de charla sobre la empresa, sobre los compañeros y sobre las últimas ventas que realizarían pasadas las vacaciones, María acompañó a Helena a la habitación. Le dio un pijama limpio y la obligó a meterse en la cama de sábanas limpias. Cuando salía por la puerta, justo antes de apagar la luz, se escuchó en aquella aldea casi deshabitada, una única frase:

—Ya estoy aquí. Todo irá bien.

Despedidas

1

El 27 de agosto de 1994, Carlos comenzaba una nueva etapa. En Helena se mezclaban sentimientos contradictorios. Adoraba a Olga; nunca había conocido a alguien tan luchadora, tan reivindicativa y tan defensora de las causas perdidas. Olga, además, amaba a Carlos. Eso lo intuía Helena por la forma en la que miraba a su hermano. Muy parecida a como ella miró a Andrés durante los primeros meses. Ahora, pero, Helena se daba cuenta de que su luz había menguado y se había convertido en una especie de semioscuridad a la que se estaba acostumbrando.

El timbre de la puerta sonó. Jaime aparecía con un ramo de flores que iba a colocar en la mesa del comedor, donde el fotógrafo los esperaba para hacer un reportaje en el que inmortalizar aquel día. Helena pensaba si pasado el tiempo, cuando Carlos y Olga estuvieran en su casa y observaran esas fotografías, serían capaces de ver lo mismo que ahora se mostraba ante sus ojos; o si, por el contrario, la memoria engañaría a sus recuerdos y desdibujaría lo que allí había ocurrido.

Helena estaba feliz, sí; podía decir que lo estaba, aunque odiaba tener que perder a su hermano. Le era difícil explicar cómo una ausencia se enmascara de felicidad. Helena se preguntaba a quién le daría un beso por la mañana antes de irse a la facultad, con quién compartiría confidencias y quién la abrazaría cuando descubriera, sin necesidad de que ella dijera nada, que algo iba mal.

Se escuchó el clic de una fotografía. La misma que, semanas más tarde, estaría colocada en el aparador de casa. En ella Fifín, con traje verde pistacho, cosido a mano y drapeado en uno de sus lados, mostraba una sonrisa empañada por los ojos vidriosos de una madre que casa a su hijo mayor. A su lado, Jaime, con gesto formal, revelaba lo orgulloso que estaba del camino recorrido por Carlos, que había elegido para aquel día un traje de chaqueta negro, camisa blanca y una corbata gris que sostenía con una aguja dorada. Él abrazaba por la espalda a su única hermana, seguro de que la sonrisa que se desprendía de sus labios era tan auténtica como la misma Helena.

Se equivocaba. Porque esa chica, con traje de chaqueta beige y pelo recogido, lloraba por dentro. Tal vez era esa la mejor fotografía de Helena, sonrisa por fuera, llanto por dentro. Sin embargo, nunca, cualquiera que pudiera observar esa imagen, conseguiría adentrarse en el submundo de ella. Para todos, pasaría por la hermana feliz de Carlos. Esa que lucía zapatos de tacón alto y que dejaba ver al descubierto unas piernas por las que muchas veces había transitado Andrés.

No; él no estaba en esa fotografía.

A la iglesia se dirigieron los cuatro juntos en un coche alquilado para la ocasión. Después, en otro Mercedes idéntico, llegaba Olga, con un vestido liso sin más adorno que un pequeño corpiño bordado a mano que cubría su torso. Estaba hermosa. Como siempre, lucía una sonrisa sincera que venía a mostrar cuánto amaba a Carlos. Helena la miró y pensó si ella, alguna vez, sería capaz de vestirse de novia y decirle a alguien que lo amaría para siempre.

Aunque lo extraño de todo era que la figura de Andrés no aparecía en aquel pensamiento; ese Andrés del que se había enamorado casi al instante. La mayor parte del tiempo Helena lo amaba. Se dejaba llevar por ese sentimiento que la hacía feliz. Se permitía querer y ser querida. Sin embargo, la magia se rompía en el momento en que él comenzaba a gritarle y le repetía hasta la saciedad que era una niña mimada, que no había madurado lo suficiente como para tener una relación. Helena, en cambio, siempre creyó ser demasiado adulta, ya que así la dibujaron hasta la fecha todos los amigos que transitaron por su vida.

En aquellas discusiones, Helena nunca sabía qué hacía mal, pero algo debía de ser, porque tampoco con Fifín y Jaime acababa de tener una relación de esas que llaman paterno-filiales. En cambio, en cuanto Andrés aparecía por casa, Fifín dibujaba la mejor de sus sonrisas, se prodigaba en halagos hacia su yerno y le repetía a Helena una frase maldita a la que se había acostumbrado: Ya podrías parecerte algo a tu novio. Ella siempre le contestaba, medio irónica, que sí, que sabía cuánto le hubiera gustado que Andrés fuera hijo suyo, pero que la vida le había dado una hija como ella. Y si de verdad quería hacerle una pequeña herida a Fifín, apostillaba: quizá es el karma y te ha enviado a una persona como yo, muy diferente a ti.

Cuando salieron a la explanada de la iglesia, después de la misa, Helena se sintió sola por un momento. Echó de menos a Andrés mientras el arroz volaba por el aire en dirección a los novios. Le hubiera gustado compartir ese momento con él; pero no había podido acompañarla porque, de nuevo, ella parecía haberse equivocado.

Andrés había programado un viaje con sus padres justo para esa fecha y no podía devolver los billetes. A Fifín y a Jaime los convenció de que Helena nunca le insinuó que estuviera invitado y él, les dijo, pensó que sería algo muy familiar y que todavía era demasiado pronto para presentarlo al resto de la familia. Andrés tenía razón. Ella nunca le dijo nada, pero porque estaba segura de que él la acompañaría. Para Helena no había nada que decir. Daba por hecho que su novio estaría con ella. Siempre quieres que los demás interpretemos lo que tú piensas, Helena, le había increpado Andrés al enterarse por su suegra de que estaba invitado. Allí mismo, en su casa, Fifín y Andrés hacían batalla contra ella, quien menguaba por momentos a cada recriminación que salía de sus bocas.

Helena, pues, pasaba aquel último día con su hermano con un mezcla de odio hacia sí misma, rencor, alegría y frustración. Todo al mismo tiempo, si es que los sentimientos permiten esa mezcolanza. Y así también, con esos pensamientos, llegó al banquete, casi sin fuerzas, mientras engullía cada uno de los platos y hablaba con sus primos, mientras pensaba, una vez más, que ella nunca sería como Carlos y Olga. No se casaría y no se sentaría en una mesa central esperando a que alguien demandara un beso de los novios. Ella no se besaría así con su marido, porque siempre acababa estropeándolo todo y estropearía también ese día.

Los gritos de los amigos interrumpieron sus pensamientos. Pero esta vez no solicitaban un beso de los novios sino de los padres de la novia. Aquellos, sin dudarlo, cumplieron con la petición. Helena pensó qué harían Fifín y Jaime si les pedían que también se besaran. Quizá, pensó, consigan desviar la atención y no tengan que hacerlo. Pero se sorprendió cuando los vio levantarse de sus sillas y emular a sus consuegros. Los labios de Fifín rozaban los de Jaime sin pudor, y aunque Helena sabía que ellos se besaban y hacían el amor, nunca, en todos los años de su existencia, los había visto besarse de ese modo. Nunca dieron sus padres muestras de amor y ella aceptó que eran únicamente padres; porque, pensaba, uno deja de ser pareja cuando los hijos aparecen en ese escenario nuevo que es la familia. Se equivocaba.

Probablemente ese miedo a perder la esencia de la pareja era lo que había llevado a Helena a repetir hasta la saciedad que ella no quería casarse. Que no terminaría como el resto de los mortales dejándose llevar por convencionalismos: estudiar, tener novio, comprar una casa, casarse, tener hijos y morir. No, ella no estaba preparada para eso. O tal vez le gustaban tanto esos convencionalismos que se había mentido a sí misma para no sentirse frustrada si no lograba el objetivo final.

De todo aquel día, de todo lo que su cuerpo y su alma habían sentido, lo único que conseguía recordar Helena, a las siete de la mañana, después de pasar por la discoteca para celebrar la felicidad de la pareja, era el beso de Fifín y de Jaime. Lo único que venía a su cabeza era que solo aquella vez había visto a sus padres darse un beso. Y lo que más temía era no volver a verlos así, abrazados, rozándose los labios. Sobre su rostro se dibujó una mueca de tristeza, que fue desapareciendo mientras se dormía en la habitación vecina a la de Carlos, ahora ya completamente vacía.

2

Los días siguientes a la boda fueron extraños. Helena y Fifín vagaban por la casa como si les faltara algo. De una manera casi inusual en ellas se buscaban para desayunar juntas, salir a la compra o tomar un café cuando la tarde empezaba a desaparecer. A las dos les gustaba, aunque se lo negaran, esa complicidad nacida de la ausencia de Carlos y que se había gestado durante las vacaciones en la playa. Madre e hija se sentaban en la terraza del apartamento y compartían recuerdos y vivencias pasadas. Fifín, aunque no lo dijera, estaba orgullosa de ver cómo Helena era capaz de revivir anécdotas de años atrás y de recordar instantes fugaces de cuando ella era todavía una niña.

—Mamá, ¿cómo puede ser que no te acuerdes de cuando se nos hacía tarde y nos llevabas en el 127 al colegio con la leche metida en un vaso de plástico?

—Que eso no ha pasado nunca.

—Te lo prometo. Lo recuerdo perfectamente. Cogíamos el coche y tú nos metías a los dos detrás con el desayuno.

—Me encantaba ese coche… ¿Y nunca se derramó?

—Yo qué sé. De eso no me acuerdo. Seguramente no, porque si se hubiera caído, me acordaría de tus gritos. —Rio Helena.

—Como si yo estuviera siempre gritando.

Helena disfrutaba también de esos momentos. Le gustaba recordar su infancia, sus años en la playa con los abuelos, la comida preparada cada viernes por la abuela, mientras ella y Carlos estaban en el colegio; las tardes en la casa de la yaya tomando leche con rosquilletas, hasta que se sentía tan hinchada, que tenía que recostarse sobre el sillón rojo. Le gustaba rememorar cómo, cuando nació su prima Esther, ocho años más pequeña, jugaban a esconderse por aquel piso de interminable pasillo. Sí, tenía muchos recuerdos de su infancia: con Jaime en el parque, con su madre llevándola a la guardería y al colegio, los cuatro juntos yendo al cine a ver una película de estreno. Tenía mil anécdotas que paseaban por su cabeza a menudo. Mucho más que por la de Fifín, que decía que se estaba haciendo mayor porque había olvidado todos esos detalles.

—¿Tampoco recuerdas el primer año que papá tuvo que quedarse a trabajar durante el verano?

—¿Cómo me voy a olvidar de eso?

—¿Y no recuerdas que era la primera vez que alquilábamos un chalet en la montaña en vez de ir al apartamento de la playa porque estaba muy lejos?

—Sí. Y me acuerdo de la piscina, donde nos quedábamos a comer algunos días.

—Me encantaban los bocadillos de sobrasada derretida por el sol.

—Ahora no quieres sobrasada. —Helena alzó los hombros—. Si me hubieran dicho que ibas a dejar de comer carne me hubiera echado a reír. La que no tomaba ni una sola cosa que tuviera color verde, hoy es vegetariana.

—Por llevaros la contraria. ¿Sabes de lo que me acuerdo de ese año? De un día que tú y yo nos volvimos a Valencia, no sé para qué, y las dos íbamos en el coche.

—Íbamos solas muchas veces.

—No, pero ese día ibas cantando una canción de la radio.

—Siempre iba cantando, de eso sí me acuerdo.

—Cantabas *Si tú eres mi hombre y yo tu mujer.* —Fifín comenzó a tararearla.

—¿Y qué pasó?

—Me gustaba oírte cantar. Lo hacías tan bien y yo desafinaba tanto... Me gustaba más, incluso, que la versión de la cantante. —Los ojos de Helena se iluminaron por las lágrimas—. Eras como mi pequeña heroína. Cada cosa que hacías la convertías en algo especial, en un momento para recordar siempre.

—No puedo creer que te acuerdes de tantas cosas. —Fifín también tenía los ojos verdes empañados.

—Me gusta que mi memoria conserve esas imágenes. A veces se queda en poco, pero otras puedo hasta recitar las frases que nos dijimos.

—¿Qué pasó ese día?

—Cuando la canción acabó, porque yo no quería interrumpirte, te hice una pregunta. ¿Sabes cuál?

—No, Helena, no. No me acuerdo ni de ese día, ¿cómo me voy a acordar de la frase?

—Te pregunté que por qué no habías sido cantante, porque lo hacías mejor que las que salían por la radio. Y tú me contestaste que porque la vida te había llevado por otro camino.

—Ay, si fuera hoy cambiaría algunas cosas.

—Entonces me alegré de que la vida te hubiera llevado por ese camino, porque eso significaba que te tenía para mí.

Fifín estiró el brazo y rozó los dedos de su hija, que se dejó acariciar por aquellas manos que hacía tiempo que no tocaban a Helena.

3

María y Helena se vieron aparecer por la avenida. De pie, en la puerta del bar de costumbre, Helena esperaba con vaqueros y camiseta de tirantes. Cruzando el parque vio llegar a María con falda corta y camisa blanca. Ambas habían dejado el gimnasio antes del verano y ambas comenzaban septiembre con proyectos que, provisionalmente, iban a separarlas. Helena se marcharía a París en dos días y no regresaría hasta la Navidad. Querían despedirse; pero sobre todo, María quería contarle que, por fin, después de un verano buscando una pequeña nave, había dado con el lugar adecuado para empezar con su nueva empresa.

Entraron en el bar casi abrazadas. El tiempo corría demasiado deprisa esa mañana.

—¿Ya tienes la maleta hecha?

—Qué va. No he preparado nada. Esta tarde me pongo, porque el miércoles salimos a las nueve de la mañana y no me va a dar tiempo.

—Qué ganas, ¿no?

—La verdad es que sí. Tiene que ser una experiencia increíble. Ya te iré contando.

—¿Por fin un apartamento los dos solos?

—Sí, al final, sí. Creo que Andrés tiene razón. Así podremos estudiar mejor y no tenemos que compartir piso con más gente que no conocemos o instalarnos en la residencia.

—Un año viviendo juntos. Veremos a la vuelta lo enamorados que estáis. —Rio María.

—Pues mucho, seguro. —Helena seguía la broma—. Estoy muy nerviosa; no me puedo imaginar cómo es aquello, las clases, los profesores, todo. Llevo meses estudiando francés y ahora creo que no podré decir ni una sola palabra. No sé cómo me voy a enterar de lo que expliquen. Lo voy a pasar fatal.

—Seguro que en unas semanas ya te confunden con una parisina.

—Sí, claro. Y encima a la Sorbona. ¿Tú sabes lo que es esa universidad?

—Lo sé, lo sé. El mayo francés y todo eso.

—Tiene mucho prestigio la facultad de letras. Estoy atacada, de verdad te lo digo.

—Relájate y disfruta de un año en la ciudad del amor. —María no paraba de burlarse de su amiga.

—Tú ríete, pero no sé si voy a hacer turismo o a encerrarme en el piso a estudiar y ya está.

—Andrés no te va a dejar.

—Supongo que tendremos tiempo para todo, ¿no?

—Tú verás. Yo no desaprovecharía la ocasión.

Helena y María reían mientras se tomaban un bocadillo de tortilla de patatas rebañado con ajoaceite

—Cuéntame tú, ¿qué ha pasado con la nave?

—Nada, al final he localizado una, pero lejísimos, en Castellón, y pequeña. Aunque como allí están la mayor parte de las empresas de construcción, allá que me voy. No había manera de encontrar algo asequible y no puedo permitirme una nave muy grande. Ahora a ver cómo salgo de este lío.

—Saldrás, seguro. Eres la mejor.

—Tengo que empezar sola. ¿Sabes lo que es eso? No tengo dinero para contratar a nadie y como no me salga alguna exportación rápido, me voy a arruinar.

—Irá bien. Y si no, siempre puedo decirle a mi padre que te enchufe en su empresa.

—Pues podrías habérmelo dicho antes y no me hubiera metido en este jaleo.

—Calla, idiota. Te va a salir fenomenal y en unos años la reina de la construcción.

—Tú siempre tan optimista.

—Realista.

Las dos se reían sin parar como si el tiempo que fueran a pasar separadas tuvieran que estrujarlo justo esa mañana. La hora de despedirse llegaba y por más que ellas quisieran alargarlo con cafés, había llegado el momento de decirse adiós.

—Te voy a echar muchísimo de menos. —Helena lo decía de verdad, porque la única amiga que ahora mismo tenía era María.

—Y yo a ti. Pero en unos meses estás aquí y buscaremos tiempo para estar juntas. Y nos vamos a llamar por teléfono alguna vez, ¿no?

—Sí. ¿A quién si no le voy a llorar todas mis desgracias estudiantiles?

María y Helena se abrazaban en la puerta del bar.

—Joder, qué asco. Ahora mismo no quiero marcharme —decía Helena mientras le resbalaba una lágrima.

—¡Serás tonta! —En el fondo María tampoco quería que Helena se marchara—. En cuanto llegues allí, hagas nuevos amigos y veas la Torre Eiffel de la mano de Andrés, te olvidas de que estoy aquí.

—Ni se te ocurra buscarte otra amiga mientras estoy fuera. —Helena quería romper esa melancolía que se estaba imponiendo en la despedida.

—No voy a tener tiempo.

—Pues me parece perfecto.

Las dos se abrazaron antes de que cada una emprendiera su vuelta a casa y un viaje, diferente para cada una de ellas, pero que marcaría un punto y aparte en su nueva vida.

4

A las siete de la mañana Fifín y Jaime aparecían por el aeropuerto de Manises arrastrando una pesada maleta, la de Helena, que andaba algo rezagada comprobando los billetes del avión, que compró meses atrás en una agencia de viajes. Andrés no había llegado, pero Helena estaba tan impaciente que no lo esperó, así que se colocó en el mostrador de la compañía aérea y aguardó a que le facturaran su maleta. Detrás de ella esperaban sus padres, quienes no habían asimilado que en poco más de un mes la casa se les hubiera quedado vacía. Una casa enorme en la que ahora solo habitarían dos personas.

Media hora más tarde, Andrés llegaba con sus padres, Julia y Pedro. Al ver que Helena no tenía la maleta, el semblante de él cambió. Mientras le daba un beso en los labios, tuvo tiempo de sobra para reprocharle al oído que no hubiera sido capaz de esperarle. Helena no contestó. Se limitó a observar cómo Andrés saludaba efusivamente a sus padres. Después, lo acompañó hasta el mostrador de facturación y esperó a que él dejara su maleta, al tiempo que aguantaba, con todo el estoicismo del que era capaz, cada una de las recriminaciones que le hacía.

Tras la despedida, ambos se subieron en el avión que los trasladaría hasta París. Durante el trayecto Andrés insistió en la impaciencia de Helena y ella, que no había dormido en toda la noche, que creyó no haber estado tan nerviosa nunca, y que ya echaba de menos a sus padres, comenzó a llorar.

—Joder, Helena, no se te puede decir nada. Enseguida sales llorando.

Ella no contestó. Se mordía el labio inferior con fuerza como si quisiese reprimir toda la rabia que llevaba dentro.

—¿Cuántos minutos voy a tener que aguantar tu silencio? Lo digo por coger un libro y ponerme a leer y cuando se te pase, me avisas.

Helena seguía mordiéndose el labio.

—Eres una chiquilla, hostia.

Llegaron al aeropuerto París-Charles de Gaulle pasadas las once de la mañana. Casi no hablaron durante el trayecto, aunque Andrés la besó un sinfín de veces y le había dicho que estaba muy guapa cuando se mordía el labio. Helena, al final, había cedido a los besos, y aunque las palabras fueron escasas, cuando bajaron del avión iban cogidos de la mano como si el día acabara de empezar para ellos.

Al entrar en el apartamento alquilado, creyeron que el mundo terminaba allí. Nunca habían estado en un espacio tan reducido. Ni algunos de los hoteles en los que habían pasado fines de semana románticos podían compararse con aquel lugar. Su imaginación no les permitió dibujar un espacio tan minúsculo. Una única habitación recogía todo lo que ellos tenían distribuido en más de ciento cincuenta metros cuadrados. Un sofá de dos plazas, color azul, se recostaba sobre la pequeña pared que había al lado de las escaleras. Estas conducían al altillo donde estaba la habitación, que no era otra cosa que un colchón en el suelo. No había armarios allí arriba. En la planta principal, frente al sofá, una ventana de madera sin persiana permitía la entrada de la única luz que se reflejaba en esa estancia. El resto del mobiliario lo componía una mesa con dos sillas, que casi rozaban con la pequeña cocina de madera. El baño estaba junto a la entrada, donde alguien diseñó un armario empotrado. Nada más se veía en aquel espacio.

Se miraron.

—No sé dónde vamos a dejar las maletas —dijo Andrés que buscaba por el armario algún estante en el que esconderlas.

—¿Dónde vamos a guardar toda esta ropa? —Reía ella mientras señalaba las dos maletas gigantes que habían llevado a París.

—Ni puta idea, Helena; ni puta idea. —Reía también él, que miraba a lo alto del altillo donde estaba la cama.

—Es grande. —Helena señalaba el improvisado dormitorio.

—Al menos podremos hacer el amor en condiciones.

—Si no se nos cae el altillo al piso de abajo.

Helena no sabía qué hacer. Se reía mientras se preguntaba cómo iban a vivir en ese apartamento de poco más de treinta metros cuadrados durante un año.

—Joder, esta casa nos está costando más de ochenta mil pesetas.

—Les está costando a nuestros padres... Pero mejor les decimos que vivimos en un palacete y a tomar por saco.

Andrés la abrazó.

—Está reformado, ¿eh? Eso sí que lo elegí bien.

—Vaya tela. ¿Dónde vamos a meter todo esto? —repetía una y otra vez Helena.

Pero no tuvo tiempo de pensar mucho más, porque Andrés ya le estaba desabrochando la blusa que llevaba puesta. Subieron las escaleras y se dejaron caer en el colchón que reposaba sobre el suelo. Andrés le quitó el pantalón a Helena y después, poco a poco, su ropa interior, mientras ella ardía en deseo. Lo besó frenética, al tiempo que rodeaba con sus piernas las de él para tener su sexo más cerca. Sintió la presión y se excitó todavía más. Poco a poco se fue deshaciendo del abrazo y besó el cuello de Andrés, después su pecho, su cintura, mientras acariciaba suavemente el sexo de él, que gemía a cada momento. A ella le gustaba oírlo así, excitado, sumido al placer que le proporcionaba.

Segura de sí misma, continuó besando hasta alcanzar su pene. Él exhaló un suspiro largo y ella siguió besando hasta que retrocedió el camino andado. Se sentía fuerte. Volvió a besarlo en la boca mientras notaba que los dedos de Andrés alcanzaban un lugar opaco al que sólo él tenía permitido acceder. Helena abría las piernas despacio. Se dejó llevar por las sensaciones que le proporcionaba aquel instante hasta que no pudo más y pidió entre gemidos que la hiciera suya. Andrés, entonces, entró poco a poco en aquel lugar que tanto placer le proporcionaba a Helena. Sin embargo, antes de escuchar el gemido largo y prolongado de su boca, Andrés la besó en el pecho, en su ombligo y llegó hasta su sexo. Y allí, con su lengua y el movimiento rítmico de ella, esperó hasta que sintió cómo se paralizaba todo el cuerpo de Helena. Después, Andrés buscó para él, muy lentamente, el placer que acababa de proporcionarle a ella.

5

Las primeras vacaciones las tuvieron Andrés y Helena cuando el calendario marcaba los últimos días del mes de diciembre. Por fin era Navidad y regresaban a casa. Helena lo hizo pesando cuatro kilos menos. Hasta cincuenta y seis había ido disminuyendo la báscula que había en el cuarto de baño de la casa de París. Los vaqueros empezaban a quedarle anchos y las faldas, antes ajustadas a la cintura, ahora reposaban sobre sus caderas, único obstáculo que, por suerte, impedía que cayeran hasta los pies. Cualquiera de sus compañeros había podido vislumbrar cómo aquella joven menguaba a cada instante ante la presencia del que ella presentaba como su novio.

Un Andrés desconocido se mostró ante Helena en los primeros días de su estancia en París. Cada mañana, él se levantaba treinta minutos antes que ella, entraba al baño, se duchaba y salía de allí con una toalla enrollada a su cintura. En el suelo quedaban echados el pijama y la ropa interior. Los botes del jabón permanecían tirados en la ducha a la espera de que la mano de Helena los recogiera del suelo y los trasladara al único armario que había en aquel baño. Si él había decidido afeitarse ese día, la espuma, la maquinilla y cualquier otro enser que necesitara, permanecían impasibles hasta que Helena, acelerada como cada mañana, iba recogiendo uno a uno los objetos que él hubiera decidido dejar extendidos por el aseo.

La habitación era el otro espacio inaccesible hasta que ella llegaba y colocaba cada cosa en su lugar. A veces, incluso, si habían hecho el amor la tarde anterior tras una de tantas peleas diarias, encontraba ropa tirada en el suelo del piso de abajo; ropa que había dejado caer por la escalera, mientras la desnudaba para mostrarle que, pese a sus gritos y exigencias, sabía cómo complacerla. Y así, Helena asumió que el papel de ella era el de dejar la casa a gusto de él, a quien le incomodaba encontrar objetos en lugares que no eran suyos; lavar la ropa exacta que Andrés deseaba ponerse al día siguiente, y utilizar la plancha a la manera en que lo hacía Fifín esas noches en las que el reloj marcaba la una, y en la mesa donde reposaba la ropa recién planchada, también lo hacía un pequeño vaso con dos dedos de whisky.

Ese fue el primer desorden con el que se encontró en París. Aunque no sería el único. Y decidió, tras muchas peleas y complacencias, que abandonaría a Andrés cuando acabaran los exámenes de verano. Su billete de vuelta estaba guardado en el cajón del mueble del comedor esperando a que llegara el veintiséis de junio. Se cansó ella de aquel Andrés parisino del que había intentado escapar en más de una ocasión, aunque él siempre la convenció de que todo era culpa de ella.

Helena estaba segura de que no era así; pero pese a todo, siempre, en todas las ocasiones, cedió a las palabras de él. Las peleas más enérgicas vinieron cuando ella vio las notas del primer cuatrimestre, cuando comprobó que no habían obtenido los resultados que esperaban. A Andrés, entonces, se le ocurrió que iba a cambiar unas buenas notas por un buen año en París, disfrutando de la libertad que ofrecía estar lejos de casa. Helena no compartió esa decisión y cuando él le decía que salieran, ella se excusaba con los estudios y la casa, en la que tú no colaboras, le repetía. Andrés se reía y decía que ya habría tiempo de responsabilidades, que él no había ido a París para eso.

En aquella decisión de Andrés de disfrutar más de lo planeado había influido una de las compañeras de clase con la que trabó una estrecha amistad. Helena conocía los rumores que, sobre ella, corrían entre los compañeros, pero decidió que su prioridad era acabar el curso y volver a casa. Sin embargo, en más de una ocasión, Helena había intentado convencer a su novio para que no saliera con esa nueva amiga y, como siempre, acababan discutiendo.

—Yo he confiado en ti, Helena. Te he dejado que te fueras con tus amigos y ahora me sales con esta gilipollez. Hay que joderse.

—No estoy diciendo eso. Digo que no me gusta...

—Si tu imaginación te hace ver cosas —la cortaba él—, a mí no me vengas con historias. Tú verás si quieres estar con alguien que te quiere y te respeta o prefieres creerte tus paranoias.

—Pues a ti poca gracia te hace cuando me ves con otro...

—Es que enseguida te pones a tontear. Pero si hasta una vez te pillé dándote un beso con un tío. ¿Qué te dije entonces?

—¡Yo no he besado a nadie!

—¿Y aquel día que entré en el bar y Jean Pière te estaba dando un beso?

—Me estaba felicitando por...

—¡Joder con las felicitaciones que te gastas! Veríamos la que me hubieras montado si hubiera sido yo el que recibe el beso.

—Pero si tú te vas con Anne Marie cuando te apetece. ¿Sabes lo que van diciendo por ahí?

—Mira, no me jodas, Helena. Me voy con ella porque es la única que quiere divertirse y los demás preferís estar encerrados estudiando. Te he invitado siempre a que vinieras con nosotros y no quieres. Ahora no me jodas con niñerías.

—Mírame a los ojos y dime que no habéis hecho nada.

—La verdad es que sí, me la he tirado unas cuantas veces. ¿Es eso lo que quieres oír? Pues ahí lo tienes. Si piensas que me voy acostando con otras es que me conoces bien poco. Ya veo lo que confías en mí. La próxima vez que me digas que te vas con tus compañeros, te voy a recordar esta conversación.

—Pues dime si has hecho algo.

—Te repito que sí, que me la he tirado. —Helena se puso a llorar—. Ale, venga, ahora unas lagrimitas, pobrecita de mí, que mi novio ya no me quiere, que me dice que se ha follado a otra. Tú misma, Helena. Estoy hasta los cojones de que vengas con lágrimas cada vez que no te sales con la tuya. Tú sabrás qué haces. Yo me largo de aquí, porque eres inaguantable.

Andrés se fue. Esa y otras noches, y Helena asumió que no podía vencerle, que él era más fuerte y que jamás tendría valor para decirle que se fuera. Con todo, si lo pensaba bien, Andrés siempre le ofrecía que saliera con él y siempre era ella la que decía que no. Y sí, tal vez los compañeros tenían razón y algo había entre Anne Marie y Andrés, aunque nadie, nunca, los vio hacer otra cosa que no fuera beber cervezas y bailar.

6

Aquel intento por abandonar a Andrés ocurriría mucho tiempo después. Porque aquella primera vez que volvieron a España, justo para la Navidad, Andrés y Helena iban abrazados y él mostraba su posesión a todos los que paseaban, a la espera de su vuelo, por el aeropuerto Charles de Gaulle.

Cuando aterrizaron en Valencia, Helena se encontró con Fifín y Jaime. Les dio dos únicos besos, aunque ella hubiera querido abrazarles y decirles que nada era como había imaginado. En las clases hablaban un francés demasiado fluido; con los compañeros se llevaba bien, aunque rara vez Andrés la dejaba sola con ellos. Con las compañeras era mucho más fácil comunicarse, pero en ese caso la mayor parte de las veces lo hacía Andrés por ella, pues sus conversaciones acababan por ser las de él y sus amigas sucumbían, como antes lo hiciera Helena, a los encantos del joven. En muchas ocasiones, incluso, las abrazaba y les susurraba al oído mientras ella permanecía impasible viéndolo. Y siempre, por vergüenza, se justificaba ante todos: la mayoría de los españoles son así de cercanos.

Tanto Fifín como Jaime se dieron cuenta de la delgadez de Helena, aunque la achacaron a lo mal que estarían comiendo en París.

—¿Ves cómo no es tan fácil trabajar y atender una casa? —le decía Fifín sonriente.

—Es que no tenemos tiempo de nada y acabo por comer mal. —Mintió.

—Estos días la mamá te vuelve a engordar.

—Eso espero. —Esa vez sí fue sincera.

Lo cierto es que Helena recuperó parte de su peso anterior en los días que estuvo en casa, aunque lo que realmente la hizo feliz fueron las comidas navideñas con su familia. Hasta quince personas se reunían en su casa alrededor de la mesa de madera maciza. Lo que más le gustaba eran los preparativos, porque compartía ese día la cocina con Fifín y Jaime, quien, generalmente, se escapaba al comedor a preparar la mesa, pues era incapaz de hacer nada en la cocina, donde todo había quedado invadido por platos cubiertos de comida. A él que tanto le gustaba el orden.

Después llegaban, siempre con antelación, Carlos y Olga, que era la que se encargaba de hacer el postre. Aquel año decidió sorprenderlos con una tarta de zanahoria, que desapareció de la mesa cinco minutos después de que Carlos dijera que su mujer se había pasado dos horas haciendo aquel pastel suculento.

De aquella Navidad puede Helena recordar infinitos momentos, pero el que la hizo reír de verdad, después de meses de tener los ojos tristes, fue la anécdota que contó su madrina, mientras tomaban el café la tarde del veintisiete de diciembre. Helena rememoraba cualquier Nochebuena, de esas en las que iban a cenar a casa de la yaya y ella les escondía los regalos por la casa. A veces, Carlos y Helena tenían que descubrir las pistas que los conducía a su premio; y otras, en cambio, seguir un largo hilo de lana. Entonces, como si hubieran encontrado un tesoro, se escuchaban los gritos de los hermanos, que siempre tenían escondidos los regalos en habitaciones diferentes.

Helena pensaba cuánto estaría dispuesta a pagar por poder retroceder en el tiempo y avisar a todos los niños del mundo de que nunca se hicieran mayores. Pensaba entonces en Michael J. Fox, en cómo había logrado viajar al pasado, aunque para ello hubiera necesitado de un científico casi tan loco como él. Si Helena pudiera encontrar aquel coche sabía perfectamente a qué año volvería y con quién querría pasar unos días más de su infancia. Nada había como ir a casa de los abuelos y esperar a que llegaran los regalos.

Sin embargo, Helena se había hecho mayor y no había vuelta atrás. Solo podía retener en su memoria cada instante de su pasado; por eso, aunque nadie se diera cuenta, ella siempre sacaba en las conversaciones algún recuerdo de la infancia para que alguien más contara otro, o quizá alguna historia nueva que ella grabaría en su memoria para siempre. Como la que contó su madrina aquella tarde de diciembre, que no era otra sino que un día, en las fiestas del pueblo, bebió algo más de lo acostumbrado; o lo que era lo mismo, muy poco, porque la tía Claudia solo bebía una copa de vino los días de fiesta. Poco o mucho, aquel día, cuando dejó a Carlos en casa, tuvo que agarrarse fuerte a la cama para que dejara de darle vueltas toda la habitación.

—No sé por qué me acompañabas esa noche. —Así había comenzado a relatar la tía aquel incidente gracioso—. Y cogí una...

—¿Tía, te emborrachaste? —Rio Carlos.

—Es la segunda que nos cuentas. —Mintió Helena, que sabía de sobra que era la primera porque su madrina no era de beber, pues cuando salían juntas por la noche jamás tomaba algo que no fuera naranjada.

—No, no; una vez solo, una vez solo. Que igual ya la he contado. Iba con Carlos. Era muy joven. Igual tenía veinticinco o así.

—No, tía, que entonces yo tendría tres y no me acordaría —la corregía Carlos—. Y me acuerdo de esa noche, aunque no de que te emborracharas.

—Que no me emborraché. —Mentía para no caer en el juego de los sobrinos—. Tendría entonces treinta. No sé.

—Más, tía, más. Te digo que me acuerdo perfectamente de la cazalla y seguro que tenía por lo menos diez o doce.

—¿Tan mayor?

—¿Con diez años y bebiendo cazalla, Carlos? —Helena no paraba de reír.

—No tomó nada —aclaraba la tía Claudia—, pero tenía sed y vio un botijo...

—Es que quería agua.

—Madre mía, cuando vi que lo cogía...

Jaime reía la historia que contaba su hermana, porque no la había oído nunca y pensó en las veces que se la llevó a las fiestas del pueblo. Entonces era él quien acababa bebiendo más de lo permitido y ella la que tenía que acostarlo en la cama. Cuánto recordaba también Jaime sus veinte años en compañía de Claudia.

—Tú, Jaime —insistía la tía—, no pongas esa cara de susto que bien que te comías los huevos batidos con vino que hacía la mamá.

—Y pan con vino también, que me lo has contado alguna vez —confesaba Fifín.

—Pero quemábamos el vino con el azúcar.

—Bueno… Y nosotros licor 43 de bien pequeños. —Carlos interrumpió la conversación de los padres—. ¿O es que la abuela no hacía la tarta con licor? Tarta borracha la llamaba.

—Lo llevábamos mejor todo —confesó Claudia.

—¡Claro! ¿Cómo no lo ibais a llevar mejor, tía?

—Déjame explicarte, Helena. Es que te ibas inmunizando poco a poco. Y ahora no; ahora se alcoholizan al momento porque beben cantidades. Eso antes no era así. Era un poquito en la comida… Eso es como si cada día te dan un poquito de veneno, un poquito de veneno… —Claudia no podía seguir la frase porque no paraba de reír.

—Y al final te matan —sentenció Carlos.

—Qué va, qué va. Que el cuerpo se va acostumbrando, hombre.

—¡Madre mía! Sois una familia alcoholizada. ¿Dónde me he metido? —Olga también reía con aquellas confesiones.

Esos días fueron los que Helena se guardó durante meses. Esos que, aun cuando todo iba bien y ella y Andrés se querían, traía a su memoria para estar segura de que cuando llegara el verano, volvería a estar con los suyos.

Todo se rompe en mil pedazos

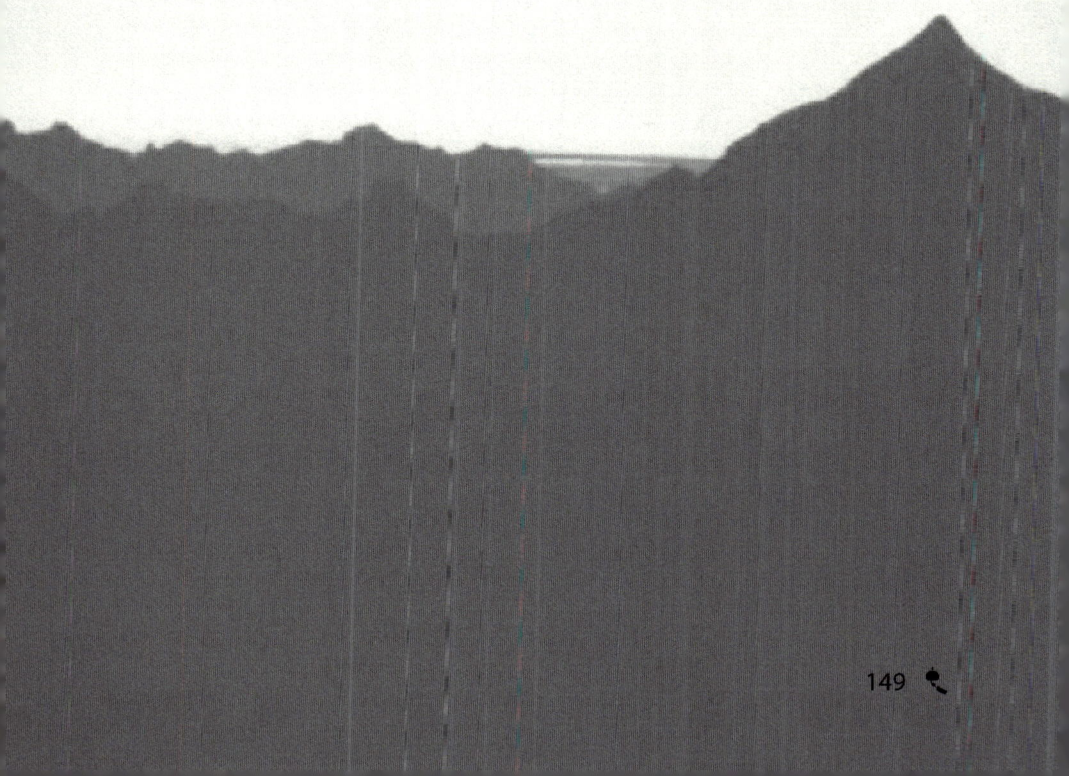

1

La primera vez que Helena estuvo segura de que Andrés no era el chico del que ella se enamoró estaba en cama. Una fuerte gripe había atacado a su cuerpo y durante los diez primeros días de aquel febrero de 1999 estuvo encerrada en casa.

Y Andrés no la visitó.

Al principio fue la misma Helena la que le dijo que no fuera a verla, pues casi todas las tardes la fiebre hacía estragos en ella. A partir del cuarto día, Helena, todavía con algo de fiebre, se levantaba, se sentaba frente al televisor, cogía el teléfono y llamaba a Andrés. Él le decía que se alegraba de que se fuera recuperando, que descansara y que pronto se pondría bien. Helena, ingenua, le preguntaba si no iría a verla ahora que se encontraba mejor y él siempre le contestaba con un escueto, no quiero contagiarme. Entonces ella, después de una también escueta despedida, colgaba el teléfono y pasaba el tiempo mirando el televisor apagado mientras se preguntaba si Andrés, después de cinco años de relación, la quería lo suficiente. Ella, se decía, hubiera ido a visitarlo desde el primer día, a compartir una gripe, porque eso es lo que hacen las personas que se quieren.

Al mismo tiempo, pero, Helena se culpaba a sí misma por no decirle a Andrés lo que deseaba, que era, exactamente, que estuviera a su lado. Sin embargo, nunca pronunció esas palabras, porque desde el primer momento Andrés le advirtió de que no debía contagiarse, pues en el trabajo no podían prescindir de él. En tu empresa, cariño, le había dicho en una de tantas conversaciones telefónicas, lo que tú haces, lo puede hacer otra, pero en mi oficina si falto yo, el trabajo se acumula, dejo a los clientes sin atención y mi padre se vuelve loco.

Andrés no había acabado Filosofía. Tras volver de París, decidió que era mejor cambiar a Derecho y entrar a trabajar en la empresa de su padre, que al final sería la suya. Así fue como se convirtió, años después, en el administrador del despacho, lo que le proporcionó un buen sueldo, con el que pagaba los hoteles románticos a los que llevaba a Helena para complacerla tantas veces como ella deseara.

Helena siempre creía lo que le decía Andrés. Por esa razón, cuando colgó el teléfono aquel día y pensó en cuánto le gustaría que fuera a visitarla, se sintió culpable por ser tan egoísta. Él sólo pensaba en llevarla de viaje y por eso pasaba horas y horas trabajando para lograr suficiente dinero con el que poder compensarle las ausencias. Por eso, también, había comprado un piso enorme en el centro de la ciudad. Él hacía planes de una boda futura, y ella, como siempre niña caprichosa, se enfadaba porque no había ido a verla.

Pero cuanto más pasaban las horas y más pensaba en la conversación que habían mantenido después de diez días de gripe, se convenció de que Andrés no era lo que ella había deseado cuando, en la adolescencia, soñó con una persona que estuviera a su lado y que compartiera cada instante. Se dio cuenta, mientras reflexionaba, de que siempre era ella la que dejaba su vida para atender a Andrés, quien nunca dejaba la suya, ni aun cuando Helena le suplicara que estuviera a su lado.

Las lágrimas resbalaban por sus mejillas cuando Carlos entró en casa.

—¿Qué te pasa?

—Nada, nada. No soporto estar enferma, ya lo sabes. Llevo más de una semana encerrada y cada día es peor que el anterior. En cuanto me pongo de pie me mareo, no me apetece comer y todavía tengo un poco de fiebre. No lo soporto. Y encima llevo cinco días sin ducharme...

—Ya lo había notado, ya.

Carlos sonreía, aunque estaba seguro de que algo le pasaba a Helena. A ella, era verdad, no le gustaba estar enferma, pero nadie se ponía a llorar porque llevara cinco días sin lavarse.

—Si quieres puedes ducharte ahora que estoy en casa. La mamá me ha dicho que venía enseguida, pero que pasara a ver si necesitabas algo.

Helena se levantó del sofá con las pocas fuerzas que le quedaban y caminó por el largo pasillo hasta su habitación. Abrió uno de los cajones que había bajo el armario de dos puertas y observó con tristeza toda la ropa interior que Andrés le había regalado. Conjuntos caros; negros, como le gustaban a él. Ropa interior con la que ella se contoneaba cuando sentía su mirada encendida. Ropa interior que él le quitaba despacio, cuando le hacía el amor lentamente. Sin embargo, de aquel amplio cajón, Helena tomó un sujetador blanco y unas bragas con la goma deshilachada, las más viejas, que era como se sentía ella aunque solo tuviera veintiséis años.

Se dirigió al baño grande, ese que había al lado de la habitación de sus padres y que ella no utilizaba nunca. Se metió en la ducha y dejó correr el agua por su cuerpo. Se enjabonó mirando los azulejos, al tiempo que el agua caliente caía por su espalda. Mientras quitaba la espuma de su cuerpo pensó, de nuevo, en Andrés, en lo triste que estaba y en lo sola que se sentía. Alguien que te quiere no puede hacerte sentir así, pensaba Helena. Entonces, apoyó la cabeza sobre los azulejos y volvió a llorar. Lloró de rabia y de frustración. Después, apagó el grifo y se sentó en el váter.

Carlos entró pasados unos minutos. La miró.

Helena lo compartía todo con él. Incluso ahora que vivía con Olga y que habían tenido una pequeña de ojos verdes a la que pusieron por nombre Penélope, seguían siendo amigos. Y Carlos, el hermano mayor, llevaba tiempo observando a Helena. En los últimos meses había adelgazado todavía más y siempre tenía ojeras. Rara vez se juntaba con sus amigos y las discusiones con su madre eran más frecuentes.

Algo no marchaba bien.

Carlos ya la había visto así antes, justo cuando Diego rompió con ella después de dos años de relación. Se conocieron en primero de BUP y Helena se enamoró de su forma de estar en el mundo. Envidiaba de él esa capacidad para admirar la luz de la primavera, las gotas de lluvia sobre el cuerpo o simplemente el hecho de estar vivo. Ella, a sus catorce años, lo único que admiraba era el escaso dinero que le daban Fifín y Jaime los fines de semana con el que tomaba alguna cerveza. A esa edad, su única preocupación, más allá de las vivencias estudiantiles, los primeros escarceos amorosos con Diego y el compartir cervezas, era obtener unas buenas notas. Él, en cambio, reflexionaba a diario sobre cada acontecimiento social, leía la prensa y escuchaba la radio para afianzarse en su idea de que el mundo estaba podrido y ellos no podían hacer nada por transformarlo.

Helena, claro, se enamoró de él. Y aunque nunca lo confesara, cambiar la economía por la filosofía se debió a ese amor por Diego, que la abandonó cuando cumplió los dieciséis.

Ahora, frente a su hermana, Carlos pensaba si Helena estaría tan rota por dentro como lo estuvo entonces.

—Estoy aquí para lo que necesites, ya lo sabes.

—Gracias. —Helena no dijo más.

Ella era así. Lo que le ocurría era algo que guardaba dentro aparentando que todo iba perfectamente. Helena compartía cotidianeidades los domingos cuando se juntaba con la familia, siempre reía, jugaba con Penélope, la acunaba, y nunca parecía que le pasara nada, aunque le pasara todo.

2

En los quince días que duró aquella gripe, Andrés no apareció por casa de su novia, pese a que Helena estaba casi recuperada. Carlos había ido cada tarde, al salir del trabajo, y nunca en todos los días que duró la enfermedad encontró a su futuro cuñado allí. Helena, por fin, había bajado a la calle a dar un paseo, aunque no lo hizo con Andrés sino con María.

Ella sí había estado con Helena. No importaba que volviera pronto o tarde de trabajar. María siempre aparecía por su casa. Se sentaba encima de la cama apoyada en la pared y escuchaba las quejas continuas de Helena por haber sucumbido a una gripe como aquella. María reía la frase y después le contaba cómo iba el trabajo o cuántas ventas había hecho durante esos días. Las dos amigas planeaban su próximo viaje, ese en el que harían una venta importante, porque ahora Helena ya no trabajaba con Jaime, sino que lo hacía con María y eso, si es que era posible, las había unido más.

María, incluso, cenaba con Helena en la cama un trozo de pan tostado con jamón y un yogur natural. Me compadezco de tu agonía compartiendo tu dieta, le decía al tiempo que las dos reían. Ese era el único momento en el que Helena se sentía feliz. Solo ese instante, porque cuando su amiga le apagaba la luz para que descansara, ella se echaba a llorar y pasaba así los minutos hasta que Morfeo la rodeaba con sus brazos.

Cuando la gripe cesó y Helena se incorporó a su vida pasada, Carlos buscó una excusa para comer con su hermana. Los silencios están bien, pero demasiados son peligrosos.

Y Helena llevaba mucho tiempo sin hablar.

En el bar que solían frecuentar, aquel del final del pueblo, al lado de la gasolinera, donde Helena tomó durante años un bocadillo de sepia rebozada, se encontraron los dos hermanos. Allí hablaron de María, de cuánto se había preocupado por Helena durante los días de la enfermedad, de cuánta suerte tenía de ser su amiga y ahora, además, de compartir trabajo y viajes.

—¿Y Andrés? —acabó por preguntar a bocajarro, porque no sabía cómo empezar—. ¿Está también con gripe?

—¿Con gripe? No, no, qué va. Es que tiene mucho trabajo y no ha podido venir. Además, si lo contagio le da algo, porque va muy liado en el despacho y no puede faltar.

—Hoy es domingo, ¿lo sabes, no?

—Se habrá levantado tarde, Carlos, yo qué sé. Ya sabes cómo es él. Siempre tiene cosas que hacer...

—Como venir a ver a su novia.

—¡Qué más da! Ha estado aquí María. No se llevan muy bien. Andrés sabía que estaba acompañada y no se ha acercado. ¡Qué importa!

—Importa que has estado enferma y no ha venido ni un solo día.

—Ya te he dicho que va muy liado, ¿vale? Déjalo. —Helena no quería seguir con aquella conversación.

—No veo normal...

—Da igual lo que tú veas, Carlos. —Helena le cortó—. Andrés y yo nos veremos mañana. Ya está.

—Andrés...

—No quiero hablar de él, ¿estamos?

—¿Crees que no me di cuenta de que habías llorado el otro día?

—Estaba cansada. No tenía nada que ver con eso. Hemos hablado todos los días por teléfono.

—Engáñate si quieres, Helena, pero ese tío no es bueno para ti.

—Yo sé lo que es bueno o no para mí. Si vas a estar así toda la comida, prefiero marcharme.

—No te preocupes. No volveré a hablarte de Andrés, pero después no digas que no te advertí. Cinco años son demasiados.

Carlos odió, un poco más, a Andrés. Y Helena se odió, un poco más, a sí misma. Se odió por no decirle a su hermano que ya no estaba segura de lo que sentía por Andrés, que lo había echado de menos cada día de los quince que había durado su gripe, que se daba cuenta de lo sola que estaba, de que su única compañera era María y de que hacía mucho tiempo que sabía que Andrés no era como Carlos. No la miraba como él miraba a Olga y nunca sonreía cuando ella aparecía por la puerta de su nueva casa.

Se odió, todavía más, cuando se dio cuenta de que el Andrés que conoció en 1993, cuando creyó que se había cumplido su deseo de aniversario, era una persona a la que odiar y no a la que amar. Se sentía, a su lado, menuda y vacía. Sin saber qué parte de su cerebro era la que se activaba, en algún sitio recóndito, reconoció que no era bueno para ella ni para nadie, aunque no tuviera valor para decirle que todo había terminado.

Helena, que había hecho creer a todos que era capaz de comerse el mundo, se dejó engullir por una única persona, Andrés.

3

Helena acababa de llegar de un viaje por China. La empresa de María había crecido de forma excepcional y lo que fue un pequeño negocio de autónoma se transformó en una empresa de saneamientos especializada en comercio exterior. Helena, que dominaba cuatro idiomas, se convirtió en la mano derecha de María. Pareciera extraño que una joven filósofa de veintiséis años fuera ahora especialista en comercio, pero María sabía de sobra de lo que era capaz su amiga. Así que allá donde iba la una, iba la otra.

Al que no convenció nunca aquel trabajo fue a Andrés, pero la alta nómina que le ofrecía María fue motivo suficiente para que cediera; pues, de eso también se había dado cuenta Helena, lo que más ambicionaba su novio era el dinero. Dinero para poder gastar sin control, para poder pagar hoteles de cinco estrellas, en los que alojarse cada fin de semana con una Helena cada vez más menuda.

Esa Helena era la misma que cuando volvía de viaje debía enfrentarse a un Andrés furibundo que le recriminaba todo cuanto ella hacía. Y una noche del otoño de 1999, después de hacer el amor, él le pidió que dejara a María, que buscara otro trabajo donde no viajara tanto para que los dos pudieran estar más cerca, porque aquella amiga que se había buscado una mañana en un gimnasio era la que los estaba distanciando, la que estaba obligando, de alguna manera, a que Helena perdiera a todas las personas a las que había querido: a sus padres, a los que casi no veía; a Carlos, con el que solo coincidía una vez por semana; a él, con el que cada vez compartía menos minutos; y a sus amigos de la adolescencia, con los que siempre le permitió que saliera para que no perdiera su libertad.

Así, exactamente con esas palabras, Andrés le pidió a Helena que dejara lo único que la hacía feliz: María. Y ella, tumbada boca arriba en la cama, mirando a un techo oscuro, hacía memoria de los amigos de la adolescencia y se dio cuenta de que los había perdido a todos. Sus viajes, como le había dicho él, la obligaban a destruirlo todo.

—Cada uno hace su vida. —Helena había empezado con esa frase a justificarse—. Nos hacemos mayores y perdemos a gente de nuestra infancia. A todos nos pasa. Cada etapa de la vida tiene sus personajes, y aunque los pierdas, forman parte de ti, de lo que eres.

—¡Qué filósofa te has puesto! Aunque no te lo crees ni tú, porque yo sí sigo conservando a esos amigos.

—También has perdido a algunos durante estos años. ¿O me vas a decir que no has tenido movidas que te han hecho romper con alguno de ellos?

—Movidas con capullos, no te equivoques. No es lo mismo. No se puede ir de progre y después ser más conservador que los fachas. No aguanto esas posturitas.

—A fin de cuentas tú también quieres ser conservador: llevas conmigo seis años, quieres casarte y tener hijos.

—¡Hostia puta! ¿Comparas querer tener una familia con ser un tío de la derecha más rancia? No me jodas, Helena. No tienes ni puta idea de lo que hablas, como siempre.

Andrés se había puesto de pie frente a Helena que permanecía en la cama sentada. Él la miraba con tal furia que sintió miedo. Verlo ahí, de pie, imponente, tan alto y fuerte, la hizo sentirse pequeña.

—Supongo que tendrías tus motivos. Yo no estaba allí... —dijo mirando el edredón que la cubría.

—¡Claro que no! No quiero que me compares con esa gente ni tampoco que nos enfademos. —Andrés la cogió del mentón y la besó en los labios—. ¿Ves? ¿A que ya no te duele la barriga?

Helena sí tenía dolor, y mucho; de barriga, de cabeza y ahora, tras la discusión, del cuerpo entero. Aunque no dijo nada. Sonrió, le dio otro beso a Andrés, se levantó de la cama y se fue a casa, sola, como tantas otras noches en los últimos meses.

Eran las dos de la mañana. Hacía demasiado frío en aquel octubre y había demasiada oscuridad; tanta, que incluso Helena que se jactaba de ser independiente, tuvo miedo. Aunque no estaba segura de si lo tenía de la oscuridad o de la soledad a la que no se acostumbraba, porque ella era la persona del mundo a la que más le gustaba la compañía. Le gustaba estar con su familia, aunque se peleasen; con sus amigos, aunque tuviera ya pocos. Pero sobre todo le gustaba que Andrés la acompañara a casa y no la dejara sola cogiendo un taxi a las dos de la mañana, mientras él se quedaba en su piso escuchando las últimas noticias del día.

Pasó la noche despierta, porque su estómago se movía por dentro. Qué le pasaba a su cuerpo o por qué le pesaba tanto su extrema delgadez era algo que se preguntaba mientras vomitaba y la cabeza parecía que fuera a estallarle. Se había tomado una pastilla para el dolor, pero a los diez minutos también la había vomitado. Se levantó al menos seis veces a tirar todo lo que llevaba dentro y en cada una de ellas, Fifín salía de su habitación y esperaba en la de Helena hasta que ella volvía del baño.

—Voy a despertar a papá y nos vamos al hospital. Llevas muchos días así y esta noche has vomitado más de lo que has comido, seguro.

—Será un virus, mamá. No te levantes, que al final te vas a constipar.

—Te voy a traer una manzanilla, te la tomas y nos vamos al hospital.

Y se fueron. A Helena la operaron de urgencias, después de muchas pruebas, de una peritonitis. Cuando entraba a quirófano las lágrimas resbalaban por sus mejillas mientras se aferraba a la mano de Fifín como si pudiera salvarla. Lloraba de rabia, por no escuchar a su cuerpo, y de impotencia porque no podía cambiar lo que estaba ocurriendo.

Cuando despertó de la anestesia, a las nueve de la mañana, esperaba encontrar a Andrés. Sin embargo, las únicas personas que estaban a su lado eran Fifín, Jaime y Carlos. Sonrió como pudo.

—De pocas no lo cuento —dijo mirando a Carlos que estaba a su lado.

—¡Qué exagerada eres! —A él se le notaba la cara de preocupación—. ¿Cómo te encuentras?

—Mal. Me tiran los puntos.

—Eres una dramática.

En ese momento Helena miró hacia su barriga. Una horrible bata azul la cubría. Estiró de ella como pudo y se miró el apósito. Era enorme.

—Menuda raja me han metido.

—El médico ha dicho —ahora hablaba Jaime— que has tardado demasiados días en venir.

—Vas a tener que estar ingresada una semana —comentó Fifín—. Podría haberse complicado.

—Tenías perforado el apéndice. Suerte que la mamá se empeñó en traerte al hospital.

—¿Habéis avisado a Andrés?

—Sí, lo he llamado yo —contestó Carlos con gesto torcido—, pero se iba al despacho. Me ha dicho que después vendría. A María también la he llamado. Dice que te da permiso para que no vayas a trabajar. —Sonrió.

A las once de la mañana Helena ya había recibido la primera llamada de María y del resto de compañeros, que querían que se recuperara pronto porque la echaban de menos. Helena recibía mensajes de amigas que pronto irían a verla. De esas que, la noche anterior, Andrés le había recordado que no le quedaba ninguna.

Sin embargo, él aguardó hasta las tres de la tarde para mandarle el primer mensaje. *Espero que estés bien*, leyó en la pantalla del móvil.

Después, nada.

4

Andrés no fue al hospital hasta las ocho de la tarde y Fifín aprovechó su llegada para ir a tomar un café.

—Si te dejaras ese puto trabajo y te buscaras otro, no estarías enferma —le gritó en cuanto Fifín salió por la puerta.

—Es un buen trabajo y gano mucho dinero.

—Un trabajo y un dinero que te van a matar. Tú no podías haberte sacado unas oposiciones y haber sido profesora como todos los que estudian Filosofía.

—Todos menos tú, que trabajas con tu padre.

—Yo me cambié a Derecho por eso, porque no quería acabar siendo profesor.

—¿Y yo sí?

—Tú acabaste Filosofía, porque era lo que querías. Te insistí bastante para que te vinieras conmigo. Pero como no haces ni puto caso a nadie… Y al final no te conformaste con acabar la carrera. Para darle en los morros a tu padre te pusiste a trabajar con la tipa esa, la lesbiana.

—Se llama María.

—Me importa una mierda cómo se llama. Te tiene la cabeza comida porque le viene de puta madre que te vayas de viajecito con ella. Si te dejaras, se te follaba.

—¿Puedes dejar de hablar así de María, por favor?

—Para lo único que te quiere es para que le resuelvas todas las mierdas que ella no sabe sacar sola. Como a ti eso te encanta… Siempre más, siempre más. Y no te das cuenta de que no le importas nada y que a quienes nos importas nos vas a perder. Te estás dejando las cosas más importantes en el camino.

—No entiendo qué me estoy dejando en el camino. Estoy contigo siempre que puedo. Trabajo con María. Ella es mi jefa y yo su empleada, nada más.

—¿Pero tú has visto alguna empresa que contrate a un filósofo? ¿Para qué coño necesita una empresa de saneamientos un filósofo? No te das cuenta de nada. Siempre has sido igual de ignorante.

—Ella me contrató porque sé idiomas y sé mediar en las negociaciones.

—Los economistas también. A ver si crees que eres la única en el mundo que habla cuatro idiomas.

Helena comenzó a pensar en la cantidad de veces que María le había propuesto compartir habitación en los hoteles donde se alojaban cuando viajaban juntas; o cuando le había dicho que se fuera con ella a una negociación sin que la necesitara realmente; o las veces en las que la había invitado a cenar a su casa o a cervezas tras salir del trabajo.

Andrés y Helena no volvieron a hablar hasta que escucharon, a lo lejos, la voz de Fifín. Entonces él, como si nada de lo anterior hubiera ocurrido en sus vidas, se acercó a Helena, le tomó la mano y le dio un beso en los labios, justo en el instante en que Fifín entraba por la habitación.

—¿Ya te encuentras mejor, verdad cariño? —le preguntó de forma inocente.

—Sí, mucho mejor. Empiezo a estar despierta ahora. El resto del tiempo parecía que fuera medio drogada.

—Me alegro. Al final el dolor de barriga no eran nervios.

—No, no eran nervios.

—Si me hubieras hecho caso, habrías ido al médico y esto no te hubiera pasado.

Helena no recordaba que Andrés le hubiera dicho nunca que fuera al médico. Pero seguro que sí y ella no le había prestado atención. No estaba segura de nada. Igual todavía estaba somnolienta como para acordarse de eso. Andrés le dio otro beso a Helena antes de despedirse y, tras decir adiós a Fifín, salió por la puerta de la habitación.

Durante la noche Helena no pudo conciliar el sueño. Ni los calmantes que le dieron para el dolor fueron suficientes para hacerla dormir. Pensó en Andrés y en todo lo que habían hablado. Pensó que, probablemente, aquella enfermedad venía de todo el estrés que sufría en el trabajo, de las horas que pasaba sin comer porque la sorprendían en un aeropuerto. Porque Helena, nunca se planteaba que no comía porque no quería, o porque tenía desgana, simplemente se excusaba diciendo que era porque estaba trabajando. Y esa desgana la había llevado a adelgazar; tanto, que ahora, con su uno setenta y tres, pesaba escasamente cincuenta y dos kilos.

También repasó, durante toda aquella noche en vela, su lista de amigos, que los tenía, de esos a los que, aunque la vida les llevara por caminos diferentes, siempre podía telefonear para tomar una copa de vino en el banco de la cocina mientras fumaban un cigarro. Helena se dio cuenta de que aquel cigarro también podía haberla hecho enfermar. Y los cambios de dieta cuando viajaba al extranjero durante semanas, los cafés con María y las cervezas.

Es hora de madurar, se increpaba Helena, y dejar de jugar a ser una ejecutiva. Tú que siempre has odiado esa vida que llevan tus padres, y aquí estás, llevando una peor. Todo eso pensaba, mientras se convencía de que su trabajo, aunque le gustara, la iba a separar de Andrés.

No quiso reconocerse Helena, en toda esa noche de insomnio, que el trabajo, los viajes y los cafés con María eran su excusa para evadirse de todo.

Y por todo, aunque Helena no se lo dijera en voz alta, quería decir Andrés.

5

Al día siguiente, cuando Andrés fue a visitarla, le confesó todo lo que había reflexionado la noche anterior: que había pensado en dejar el trabajo, formar una familia y estar siempre juntos. Helena y Andrés hablaron durante horas de sus planes futuros, o quizá solo hablaron de los que él tenía para los dos, mientras Helena sonreía casi sin fuerzas. Él la llenaba de besos y una frase recurrente: quién mejor que yo va a saber lo que tú necesitas.

Después de esa conversación, se despidió de Helena, que esa misma noche comenzó a tener fiebre. Una infección se apoderó de su cuerpo. Helena se estaba quedando sin fuerzas y lo único que quería era dormir. Dormir para no pensar en nada y para no sentir nada.

Tres días más pasó con fiebre y ninguna de ellas Andrés estuvo a su lado más de quince minutos. María, que la visitaba a diario, se hartó de la dejadez de aquel hombre, de todo lo que le estaba haciendo a Helena, de cómo la maltrataba. Intentó, por una vez en mucho tiempo, decirle a su amiga que aquel joven, del que tanto le había hablado, la estaba matando. Lo hizo suspicazmente.

—¿Y Andrés? No he coincidido ningún día con él.

—No ha venido mucho. Es que tiene trabajo. Es normal.

—Estás en el hospital.

—Los clientes no tienen en cuenta si tu novia está en un hospital. Él se ha de hacer cargo de todo y cuando termina en el despacho está muy cansado. Y yo también, que esta fiebre va a acabar conmigo.

—Si estuviera él ingresado, no te habrías apartado de su lado.

—No es verdad. —Aunque sí lo era—. Si le hubiera pasado a él mientras yo estaba en China contigo, tampoco habría venido. El trabajo es el trabajo.

—Venga, Helena. No me digas que no tiene unas horas para estar contigo.

—Déjalo, ¿vale? Yo no me meto en tu vida. Nosotros estamos de acuerdo en esto y no pasa nada si no viene mucho.

A María le dolían las palabras de Helena, pero quería tanto a su amiga que se negó a dejar aquella conversación a medias.

—¿No te das cuenta de lo que te está haciendo?

—Que lo dejes ya, María.

—Siempre estás sola. Si quieres ir al cine, tienes que ir conmigo, a por ropa, al médico, al banco, a todo... tú sola.

—Déjame. Déjanos en paz.

—No voy a dejarte en paz. No voy a dejar que te haga más daño.

—Te equivocas. Me hace mucho bien, ¿sabes? Andrés y yo tenemos muy claro lo que queremos. El otro día mismo decidimos que voy a cambiar de vida.

—¿Quién ha decidido que tú quieres cambiar de vida?

—Yo. Porque soy yo la que impide que tengamos una vida normal. ¿Cómo voy a casarme y a tener hijos si siempre estoy viajando?

—¿Pero tú te escuchas? ¡Si nunca has querido casarte!

—Pues ahora sí.

—Pero si lo que querías era ahorrar dinero para irte a un lugar apartado, donde no hubiera nadie y vivir tranquila.

—¿Y por qué piensas que no lo voy a hacer? De momento viviremos en su piso, en el centro, y después, más adelante, nos mudaremos.

—¿Al centro? Odias el centro.

—No lo odio. Me acostumbraré.

—¿No te das cuenta de que tú misma te contradices? ¿No ves que Andrés es un manipulador, Helena?

—Mira, María, todo esto que me estás diciendo no te lo voy a tener en cuenta porque sé que estás celosa.

—¿Que estoy celosa? ¿También te ha dicho esa gilipollez Andrés?

—Es que es verdad. Él me ha hecho ver por qué trabajo para ti, por qué viajas conmigo cuando lo normal sería que contrataras a un economista.

—Tienes razón. Tú no vales nada. Que sepas cuatro idiomas, entre ellos el chino, que sepas negociar con una calma que no consigue nadie, que convenzas con tus argumentos de que se puede comer en un bidé a un cliente, no es motivo suficiente para tenerte contratada. Lo realmente importante es, según Andrés, que estoy loca por ti. ¿No es así?

—Pues sí.

—Y tú te lo has creído.

—Es que tiene toda la lógica del mundo.

—Vaya mierda de lógica, Helena. No, no me gustas, ni te quiero de esa forma.

—Ahora lo dices para no hacerme sentir mal. De todas formas, no importa. Voy a dejar el trabajo. Está decidido.

—Vas a cometer un error. Ese tío va a acabar contigo cualquier día.

—¡Deja de hablar así de Andrés! —le gritó.

—Me marcho. Ya no aguanto más callada. Ese tío…

—¡Que te calles!

Después de aquello María desapareció y no volvió más. Helena se desahogó con Andrés por teléfono, que la felicitó por haberse enfrentado a su jefa y, desde entonces, no tuvo tanto trabajo, y si lo tuvo no importó, porque ella se merecía todo. Parecían una pareja perfecta. Andrés le llevó un oso de peluche enorme para que mientras se recuperaba se acordara de él. Y ella se sintió feliz. Porque Andrés, además, se quedaba todas las noches a su lado cogiéndole la mano mientras ella se dormía, por fin, con calma.

Los siete días siguientes la fiebre no remitió. Los médicos a duras penas conseguían bajársela con antitérmicos, que hacían efecto durante unas pocas horas. Helena se sentía realmente enferma y creyó que había llegado su final. Andrés, por su parte, se encargó de que Fifín y Jaime supieran que su hija había dejado el trabajo, porque María, les dijo, la tenía demasiado explotada y culpa de ella era que pasara esos días en el hospital.

—Ya le había dicho yo que esos viajes la iban a matar y de pocas tengo razón —sentenció Andrés.

—Nosotros la veíamos muy delgada, pero como ella siempre dice que le gusta tanto su trabajo… —Fifín no entendía que su hija hubiera llegado hasta ese punto.

—Que descanse —explicaba Andrés—. Después veremos qué hace. Tengo ganas de tenerla aquí cerca, porque se pasaba semanas fuera y esto del hospital me ha hecho darme cuenta de lo verdaderamente importante. Y ahora esta infección... Esperemos que se recupere pronto y vuelva a casa.

Helena, que escuchaba somnolienta esas conversaciones, pensaba cuánto echaba de menos a María. En su mente se dibujaba la idea de llamarla y decirle que quería volver a trabajar, que quería verla otra vez.

Helena se lo dijo a Andrés en uno de esos momentos en que la fiebre le permitía una tregua.

—¿Por qué quieres llamarla? —le increpó.

—La echo de menos. Somos amigas desde hace años. Hemos compartido mucho.

—Pues mejor que rompas cuanto antes con eso. ¿No ves lo que estás pasando por su culpa?

—No puedo dejar el trabajo sin más. Tenemos proyectos a medias.

—Que los acabe otro.

—No hay nadie. María y yo siempre hemos llevado las ventas juntas y ahora teníamos una entre manos. No puedo dejarla tirada. No se lo merece.

—Nadie es imprescindible. ¿Crees que ha parado la empresa porque tú estabas ingresada? No seas ingenua. Pronto te sustituirá.

—Esa negociación era muy importante.

—Y si era tan importante, ¿crees que la habrá pospuesto porque tú no estuvieras?

—No lo sé, pero quiero hablar con ella. Cuando me den el alta, iré y veré qué es lo que falta por hacer y después dejaré el trabajo. Pero solo cuando termine ese proyecto.

—Después te engatusará y te volverás a quedar con ella, porque tú eres así, no tienes valor para enfrentarte a las personas. Y volverás a dejarme a mí esperando, que te lo consiento todo.

—Eso no es verdad. Nunca te he dejado esperando.

—Eso es exactamente lo que haces, pero no te preocupes. Haz lo que te dé la gana, como siempre.

Helena cogió el teléfono que él le ofrecía con desdén, como retándola. Con pocas fuerzas llamó a María. Él se quedó frente a ella mientras hablaba. Helena no tuvo valor para decirle lo mucho que sentía lo que había ocurrido, porque él la miraba con ira. Solo quería saber si Andrés tenía razón y volver a dormir.

—¿Quién está llevando la negociación que dejamos a medias? —le preguntó casi en un murmullo tras unas preguntas de cortesía.

—Nadie —dijo María al otro lado del teléfono—. He pospuesto la reunión para más adelante.

Helena, después de esa respuesta, inventó una excusa y colgó.

—Ha pospuesto la reunión.

—¡Qué ignorante!

Esa fue la frase que recibió de Andrés. Después, él se sentó en la silla de la habitación, sin mirarla. No volvió a hablarle y cuando le llevaron la cena no se molestó en acercarse y ayudarla. Helena no cenó aquel día. Las enfermeras le retiraron la bandeja intacta y dejaron la botella de agua en la mesa.

A las tres de la mañana se despertó empapada en un sudor frío y temblorosa.

—Andrés, por favor. Pásame el agua y llama a las enfermeras.

Su voz era casi imperceptible.

—Andrés…

Él se arrimó.

—Acércame el agua. Tengo mucho frío y sed.

Andrés la miró, apartó un poco más la mesa de la cama de Helena y volvió al sofá donde había permanecido todas esas horas.

—Andrés...

Hasta las seis de la mañana estuvo Helena tiritando. Con la poca saliva que le quedaba en la boca conseguía empaparse los labios y satisfacer la sequedad que le rondaba. Cuando sentía calor en la cara se tocaba con las manos que tenía heladas. Así pasó toda la noche. Mirando con súplica a Andrés, quien había acabado por tumbarse y dormir, mientras ella se preguntaba hasta dónde sería capaz de llegar aquel a quien tanto había amado.

Tal vez me encuentres

1

La primera vez que David Torres vio a Helena Sabater todavía no había llegado el otoño. Él se iba a incorporar al instituto seguro de que nunca más volvería a Barcelona. De allí huyó tras una ruptura con la que fue su novia durante casi ocho años. Isabel llegó un día, tras unos meses de convivencia distante, y le dijo que se marchaba de casa.

David no entendía nada, pues nunca se habían abandonado de esa manera y nunca, ni en los peores momentos, él imaginó su vida con otra persona que no fuera Isabel. Aunque ella, desde aquel 2004, decidió pasar la suya en otro país y, probablemente, con otro hombre. Él, entonces, se resignó a una vida solitaria, alejado del bullicio de la ciudad que lo había tenido atrapado durante los años anteriores. Ahora sería mejor recogerse en el campo, donde siempre vivió... hasta que conoció a Isabel.

Le fue difícil encontrar casa en aquel pueblo del Pirineo. La mayoría de los propietarios preferían utilizar sus inmuebles como alquiler vacacional, pues proporcionaban mejores ingresos. David creyó que tendría que vivir en un camping durante un curso completo y el mundo se le hizo enorme para su pequeño cuerpo deshabitado. Sin embargo, una mañana de finales de agosto, mientras tomaba un café en el bar de la carretera de la Seu, preguntó a la dueña si sabría de alguien que le alquilara una casa para pasar los próximos años. Rosa sonrió y le ofreció una en un pueblo alejado de todo y de todos, pero muy tranquilo. Eso sí, tal vez demasiado grande para una sola persona. La pequeña, le dijo, la tiene alquilada una chica desde hace cuatro años. A David no le importó, lo único que deseaba era un sitio donde establecerse y olvidar los meses pasados.

Rosa lo acompañó a la aldea, le enseñó la casa como antes hiciera con Helena, y lo dejó que se acomodara. Él consiguió instalarse en unas horas. Había traído demasiada ropa y demasiados libros que acabó por dejar en las cajas en las que habían venido. Después, regresó al pueblo y compró todo lo necesario para hacer de esa casa abuhardillada su hogar.

Volvió unas horas más tarde repleto de cajas de cartón donde se escondían decenas de objetos que tendría que colocar. Una tarea que tenía olvidada, pues tras ocho años viviendo en el mismo apartamento, no recordaba cómo era darle vida a una casa. Cuando bajó todos los bártulos del coche y cerró la puerta de su nuevo hogar se sentó exhausto en una silla de madera que había cerca de la ventana. David, entonces, se fijó en Helena, quien recogía del pequeño huerto unos tomates. Llevaba unos pantalones vaqueros, unas botas de montaña y un jersey verde; el pelo recogido en una coleta alta. A su lado, una perra negra corría por el campo con una vitalidad que le pareció propia de un cachorro.

Nunca imaginó David, cuando huyó de Barcelona, que viviría en una calle donde solo habitaba una chica con su perra. Algo más alejada, una señora viuda con dos perros, algunas gallinas y unos pocos conejos conformaban todo el vecindario; al que se sumaban, por las mañanas, dos hombres que acudían a pasear al rebaño de ovejas, que dormía en la cuadra situada en la calle de arriba.

Tampoco pensó nunca David que después de aquella mañana se acostumbraría a mirar por la ventana cuando escuchaba el ladrido de Tara. Observaba detenidamente a la joven mientras corría por el prado jugando con su perra y después, cuando las dos parecían agotadas, Helena entraba en la casa y siempre aparecía con un café, que tomaba en una de las mesas de madera mientras contemplaba las montañas. A David le hubiera gustado salir con ellas, compartir ese café y algo de charla, pero nunca se atrevió. Prefería mirar, desde su ventana, cómo sonreía aquella joven de vaqueros desgastados.

La primera vez que Helena Sabater vio a David Torres fue a través de la ventana, justo el día que aquel intruso llegó a esa parte del pueblo alejada de todo, incluso del mismo pueblo. Cuando Helena se instaló allí, cuatro años atrás, a casi mil doscientos metros de altura, supo que aquel era el lugar que había buscado para esconderse, para huir de su vida pasada y hasta de ella misma.

A Helena no le gustó esa intromisión.

Por fin había recompuesto su vida: tenía trabajo como recepcionista en un hotel, una casa pequeña y el tiempo suficiente para leer y pasear. No necesitaba nada más. Había asumido, también, el maltrato al que Andrés la sometió; aceptó que él era una persona de esas que llaman tóxicas y que ella se dejó intoxicar cada día un poco más. Por fin había asumido que su madre y su padre nunca le perdonarían que se marchara de esa manera, que siempre la tratarían como a una caprichosa y que, si alguna vez volvía, le reprocharían esa huida, al tiempo que la rematarían con un contundente: sabíamos que volverías.

Había asumido, también, que sólo vería a Carlos y a Penélope una vez al año, justo en sus vacaciones, cuando ellos iban a visitarla. El resto del tiempo tendría que conformarse con mensajes, alguna llamada, y si la cobertura lo permitía, una charla a través de *Skype* con su sobrina, de la que se despedía siempre colocando la cara en el monitor, para recibir un beso que nunca conseguía sentir en su mejilla.

Cuando por fin había asumido que estaba sola, apareció David y no le gustó.

2

David conoció a Helena cuando el calendario marcaba 5 de septiembre. La oyó salir de la casa y dirigirse hacia uno de los senderos que había en la aldea. Supo que aquella mañana no la vería sonreír. Decidió, entonces, ir a desayunar a una cafetería del pueblo situada en la avenida principal, donde le habían dicho que podía tomar un buen café. Pero el tiempo que tardó en ducharse y vestirse fue suficiente para que Helena regresara de pasear.

David recuerda todo eso perfectamente porque se le acercó como un torbellino aquella perra juguetona y Helena acudió rápida a rescatarlo. Se disculpó varias veces.

—Lo siento, lo siento. Es que es muy pesada y siempre tiene que ir a saludar a todo el mundo.

—No pasa nada, no importa.

—De verdad que no hace nada, es que es así, cariñosa.

—No me molesta. Mejor que nos llevemos bien ahora que vivimos al lado.

—Sí —contestó escueta—. He visto tu coche aparcado ahí.

—Lo verás a partir de ahora. He venido para quedarme. —Eso no le gustó a Helena.

—Aquí no vive nadie. Solo estoy yo y la señora de la casa del final de la calle. Es muy solitario. —Helena quería que se marchara.

—Eso me dijo Rosa cuando me ofreció la casa, pero no había otro apartamento que alquilar y necesitaba uno urgente. Me contó que vivía una chica que me había quitado el apartamento pequeño.

—Llevo cuatro años aquí. No sé si la palabra quitar es la adecuada. —Sonrió.

—No me importa quedarme en el grande. —Sonrió también—. Necesito espacio para los libros y un despacho donde trabajar.

Helena no sabía qué decir. Se le habían acabado las excusas para sacar de allí a ese intruso que, ahora que lo conocía, le parecía simpático. Aunque ella ya no se fiaba de nadie. Andrés también fue amable y la trató con dulzura; hasta le pareció que en algún momento la quería. Después, la hirió de muerte.

Tras esos años, estaba convencida de que no se dejaría engañar por nadie. Y quizá, por esa razón, había aprendido a echar de su lado a cualquiera que quisiera adentrarse más allá de su capa inicial.

—¿Cuánto tiempo vas a quedarte? —acabó por preguntar con cierta inquietud.

—Mucho tiempo.

También aquellas fueron las palabras que empleó Helena cuando le indicó a Rosa que necesitaba una casa donde alojarse. En absoluto le gustó ese mucho tiempo que acababa de pronunciar David.

—Parece un sitio tranquilo. Creo que me acostumbraré.

—Hay que coger el coche para todo y cuando llega el invierno se llena de nieve. Al final es poco práctico si tienes que ir al pueblo todos los días.

—Me encanta la nieve. No importa. Supongo que me quedaré aquí, aunque parece que no te gusta.

Helena sintió que la habían descubierto. Se ruborizó.

—Perdona, es que me he acostumbrado a estar sola.

—No te molestaré.

—Estará bien tener un vecino. Estoy segura. Me gustará —Las frases entrecortadas de Helena buscaban pactar una tregua con aquel joven alto de ojos verdes.

—Iba al pueblo a tomar un café.

David estaba entablando una conversación demasiado larga con esa joven a la que veía sonreír a través de la ventana. No, él no quería volver a enamorarse, se lo había prometido. Sin embargo, la sonrisa de ella pareció hacerle olvidar su pacto.

—Lo siento, no te entretengo más. —Helena no quiso ahondar más allá de la frase. No era una invitación; y si lo era, no iba a aceptar—. Si necesitas algo, ya sabes dónde vivo.

—Sí, claro; sé dónde vives. —La miró despacio—. David, soy David.

—Yo Helena, con h, como Helena de Troya.

Al pronunciar aquella frase en voz alta le pareció estúpida, pero no dijo más. Se limitó a llamar a Tara e indicarle que tenían que entrar en casa, al tiempo que veía a David alejarse con su Terrano verde por la carretera de tierra que conducía al pueblo.

Dentro, Helena se preparó un café mientras se desprendía de las botas de montaña. Se sentó en la mesa y sintió algo extraño en su cuerpo. Por primera vez en mucho tiempo el corazón le palpitaba más fuerte de lo acostumbrado y notaba un pequeño hormigueo que la invadía toda. Cogió un libro para no pensar en lo que estaba sucediendo, aunque no logró concentrarse en la lectura.

Sí, era su aniversario. Cumplía treinta y un años. Había pasado más de una década desde que pidió un deseo ante una tarta de cumpleaños. Esa vez no lo haría. No tendría tarta y tampoco fiesta. Así que, aunque el destino le hubiera puesto delante a una persona agradable, se negaba por completo a pensar que, once años después, llegaba a su vida aquello que tanto deseó.

La cabeza le bullía a Helena.

Subió al piso de arriba y salió a la terraza. Al fondo, una enorme explanada lo envolvía todo. Después del caluroso verano, el huerto había empezado a crecer y pronto sembraría alguna planta que diera color al verde del prado. Las montañas no se habían cubierto de nieve todavía. Desde la terraza podía ver dónde terminaban los árboles y dónde comenzaba la estepa de la cima. Bajó la vista hacia las mesas de madera. Aquel había sido durante años el lugar ideal en el que refugiarse. La paz que proporcionaba la aldea a la que fue a esconderse era perfecta, o al menos lo había sido hasta que David apareció. Helena no iba a dejar que nadie entrara en aquella soledad. Lo único que necesitaba era pensar en su pasado. Recordar por qué estaba en esa casa, y sola.

3

Helena había urdido una estrategia para no coincidir con David. Él salía pronto por la mañana para ir al instituto y ella esperaba hasta que lo veía alejarse por el camino para salir de la casa. Daba su paseo matinal cuando todo estaba en silencio, como si el tiempo no hubiera pasado y sólo ella y Tara estuvieran en ese lugar. Sin embargo, cuando regresaba a casa, cada mañana, miraba hacia la ventana abierta de la habitación de David y descubría, aunque no le gustara, que le agradaba saber que alguien habitaba aquel lugar deshabitado.

Después, igual que llevaba haciendo desde hacía tres años, se cambiaba de ropa mientras se calentaba la cafetera, salía a la mesa de madera y se deleitaba con un café bien cargado antes de salir con su 205 rojo hacia el hotel donde trabajaba. Se había acostumbrado Helena a apurar hasta el último instante su salida. Le gustaba contemplar el reloj hasta que veía cómo se unían las dos manecillas en el nueve. Entonces, justo en ese segundo, se ponía en pie, tomaba su bolso y las llaves, acariciaba a Tara, que la acompañaba hasta la puerta, y salía en busca de la N-260 que la llevaba a su lugar de trabajo, donde pasaría las siguientes cuatro horas.

Había llegado a trabajar en aquel hotel, como casi todo lo que le ocurría a Helena, por una casualidad.

—Vamos a alquilar un apartamento en el pueblo. —Carlos le confirmaba a Helena que pasarían las próximas vacaciones juntos.

—Podéis venir a mi casa. Os dejo mi habitación y yo duermo bajo. Total, por unos días, nos podemos apañar.

—Creo que no me has entendido. Vamos a alquilar un apartamento porque queremos pasar todas las vacaciones contigo.

—¿Todo el mes? —A Helena se le iluminó la cara con una sonrisa.

—Todo el mes. Llevaremos un montón de trastos de Penélope y no vamos a caber en tu casa.

—No sé qué decir, Carlos. Estoy... —No sabía cómo expresar lo que sentía.

—Sí, muy contenta. Lo sé. —La cortó—. Nosotros también tenemos muchas ganas de verte.

—Y yo a vosotros... Hace más de un año que no veo a Penélope. —La alegría del momento se había trocado en amargura.

—No te preocupes. —Carlos notó el cambio de tono en Helena—. Vas a poder disfrutar de ella en agosto. Te la dejamos toda para ti.

—No me voy a separar.

Así fue cómo el dos de agosto de 2001, después de casi quince meses, Carlos y Helena se abrazaron de nuevo. Y así fue cómo Penélope, que casi tenía dos años, besó a la tía a la que no recordaba.

Todo esto ocurrió en la puerta de un hotel, cuya entrada estaba en la misma carretera por la que Helena accedía de su casa al pueblo, cada vez que bajaba a comprar o a pasear por el río. En la recepción, una joven embarazada de poco más de veinte años los atendió. Mercè se movía con dificultad y se tocaba la barriga incesantemente. Pronto correteará como la nuestra y echarás de menos la barriga que tanto te molesta ahora, le dijo Olga al verla. Ella sonrió y después, cuando todos los documentos estuvieron impresos, les indicó hacia dónde tenían que dirigirse.

El apartamento estaba situado en la avenida principal, un edificio color crema de tres plantas. Ellos se alojarían en la última, con una terraza de poco más de diez metros donde Penélope se acostumbró pronto a jugar.

Un mes, pues, dio para entablar conversación, y casi ligera amistad con Mercè, a la que veían algunos días por el pueblo o paseando por el camino paralelo al río. De esa manera Helena supo que tendrían que sustituirla, que el gerente estaba buscando a alguien para que entrara a trabajar en octubre, antes de que comenzara la temporada de esquí, porque Mercè se iba a coger una excedencia de no sabía cuánto tiempo para disfrutar de su pequeña. Helena, que hasta entonces no había considerado trabajar, pensó que aquél podía ser un lugar agradable con el que volver a tener una nómina.

Desde entonces Helena ejercía de recepcionista en una jornada partida que todos odiaban, pero que a ella hacía feliz. De nueve a una y de cinco a nueve. Por fin tendría los días ocupados en su totalidad y dejaría de pensar en cuánto dolor sentía por dentro, en cuán rota había estado hasta que María llegara, un año atrás, y la rescatara del daño que se estaba haciendo. Ahora, se decía algo más recompuesta, todo se parecerá, de alguna forma, a lo que fue antes, y pronto volveré a ser la Helena que un día se apagó.

4

Helena y David fingían no buscarse. Rara vez se encontraban y cuando lo hacían no hablaban más de cinco minutos. Si coincidían en la cafetería del pueblo, se saludaban cordialmente y después cada uno se refugiaba en su mesa, pendiente de su café y su lectura, o al menos eso deseaban creer. Porque lo cierto era que Helena y David se buscaban más de lo que querían reconocerse. Y solo ese era el motivo por el que en demasiadas ocasiones se habían encontrado en la cafetería.

Si era Helena la que salía primero de casa, David esperaba unos eternos quince minutos apostado tras la puerta con las llaves del coche en la mano. Si era él quien salía primero, Helena se escondía tras la ventana del comedor viendo cómo se alejaba hasta que pasaban unos pocos minutos, ella era más impaciente, y salía en busca de David. Después, eso sí, cruzaban miradas, nunca palabras, hasta que uno de los dos decidía marcharse.

Había llegado el invierno, la nieve cubría el valle y Helena quiso salir de casa aquel domingo doce de diciembre, y no pudo. En la puerta, una enorme montaña de nieve tapaba la entrada. No le gustó aquel contratiempo, pero se resignó. Era lo que solía ocurrir una vez el invierno caía en la aldea. Volvió a entrar en la casa, se dirigió hacia el armario de la habitación y sacó la pala que tenía guardada para aquellas ocasiones. Poco a poco comenzó a apartar la nieve y consiguió salir al exterior en el instante en que David abría la puerta y se encontraba con un obstáculo blanco que lo separaba de Helena.

Se miraron y rieron.

—No vas a poder salir —le dijo ella.

Él, con botas de agua, pisó fuerte por encima y hundió su pierna hasta la rodilla. Tomó impulso e hizo lo mismo con la otra hasta cruzar al otro lado.

—Tengo una pala en la mano. Podría haberte ayudado.

—Lo dices ahora que ya estoy en este lado completamente mojado. —Sonreía mientras se miraba los pantalones—. Pero sí, te agradecería que me la dejaras, así quito la nieve y vuelvo dentro para cambiarme de ropa. —Rio.

Helena se la ofreció y miró la espalda de David. Parecía fuerte. Pensó en cómo sería su abrazo, pero desechó esa idea de su cabeza al instante.

—Toma, ya está. —David le tendía la pala, mientras ella borraba pensamientos que creía olvidados. —Tengo que cambiarme.

—Sí, mejor, porque te vas a helar.

—Esto ha sido un poco una tontería, ¿no?

—¿Eso de meterte en la nieve?

—Sí.

—A mí me parece que sí. —Rieron.

—Pensaba ir a tomar un café al pueblo. ¿Quieres venir?

Helena dijo sí antes de que su cerebro analizara todas las consecuencias de una respuesta como esa. Sin saber bien cómo, se vio subida en el coche de David dirigiéndose hacia un lugar que ella no quería habitar. Durante el trayecto casi no hablaron y en la cafetería lo hicieron de nimiedades: el frío del invierno, las nieves, los trabajos de cada uno. Una conversación trivial para dos jóvenes que querían saber más de la persona que tenían enfrente. Sobre todo David, que se había acostumbrado a la presencia de Helena en su vida y ahora esperaba tenerla algo más cerca. Quizá esa fue la razón por la que quiso saber cómo había llegado a la aldea.

Helena mintió. Alejarse de la ciudad, del estrés de un trabajo como el que tenía, un cambio de aires, le dijo para cerrar aquel discurso. Entonces ella hizo la misma pregunta y David también mintió. Más o menos igual, le contestó. Sin saberlo ambos, esa mentira era más verdad de lo que hubieran imaginado. No volvieron a hablar de aquella huida. Se limitaron a la conversación cotidiana que llevaban tiempo echando de menos.

Dos horas habían pasado desde que salieron de casa cuando regresaron. El sol se posaba firme sobre el cielo y la temperatura resultaba agradable. David ya estaba con las llaves en la mano. Helena con las suyas. Abrió. Tara saltó sobre ella. Después, sobre David, quien la acarició sonriente.

—Voy a darle un paseo. —Se oyó decir a Helena.

—¿Te importa si os acompaño?

—No, claro que no.

Helena no sabía por qué sus labios pronunciaban palabras como esas. Y David no sabía por qué quería pasar más tiempo con aquella chica solitaria de la que no conocía casi nada. Pero lo cierto era que allí estaban, David y Helena, paseando por el camino, dejando que el sol les acariciara mientras dejaban correr más tiempo el uno junto al otro. Y el paseo, como el desayuno, se dilató en el tiempo más de lo que pensaban; tanto, que cuando volvieron a la casa era mediodía. Los dos jóvenes se miraron desde sus respectivas puertas y se despidieron.

Aunque David no quería marcharse.

—Mañana, tal vez, vuelva a necesitar de tu pala.

—No hay problema.

—No me gustaría escalar el montículo de nieve y mojarme.

—Pues entonces tendrás que avisarme. Porque lo de hoy...

—Un poco estúpido, sí.

—No iba a decir eso.

—Lo digo yo; no pasa nada. ¿Puedo pedirte tu teléfono por si te necesito?

David se asombró de la pregunta y Helena quiso reinterpretarla en su cabeza.

—Sí; claro que sí. Te lo doy y si sales y no puedes pasar por la nieve, me avisas. —Intercambiaron los teléfonos. Después, aunque les pesó, se dijeron adiós.

David y Helena entraron en casa. Ninguno de los dos pudo comer ese día. Algo se había removido dentro de ellos; algo que pensaban habían apagado para siempre. Un interruptor que se prometieron que no volverían a encender jamás; unos sentimientos que llevaron hasta lo más hondo de su ser y que ahora, no sabían cómo, habían alcanzado la superficie. Unos sentimientos de euforia que se entremezclaban con un miedo latente. Miedo a mostrarse como ellos eran. Miedo a que alguien consiguiera llegar a esa primera superficie donde se habían vuelto a instalar sus sentimientos. Miedo a ser heridos de muerte, una vez más.

Aunque David, sobre todo, aunque se hubiera estado mintiendo durante meses, a lo que tenía más miedo era a no volver a amar.

5

Casi cuatro meses pasaron desde que David y Helena se vieran por vez primera y poco más de una semana desde que intercambiaran sus teléfonos. Después de aquel día, aprendieron a buscarse y tomaban café mientras se contaban cómo les había ido la jornada. Normalmente lo hacían antes de que Helena se fuera a trabajar por la tarde, pero también hubo días en que, tras la cena, David cruzaba a su casa en busca de compañía.

Las navidades estaban cerca y él se marcharía a Barcelona con su familia. David supo que echaría de menos a Helena, quien iba a quedarse en la aldea. Fue fácil mentirle a él sobre los motivos: en plena temporada de nieve es imposible cogerse fiesta en el hotel. Aunque lo cierto era que nunca la había pedido, porque no tenía dónde ir y el hotel era un buen lugar en el que entretenerse mientras todos se reunían con sus familias. Normalmente, era tanto el bullicio, que acababa por olvidar que, lejos de allí, en el que una vez fue su hogar, estarían celebrando las fiestas.

Tres fueron los días que el calendario de 2004 dio como festivo a aquellos que disfrutaban de un invierno bien nevado. Las pistas de esquí se llenaron de gente y en el hotel no quedaba una habitación libre. El veinticinco de diciembre, un sábado helado, cuando Helena volvió a casa y vio la de David cerrada, lo echó de menos. Sin pensar en el frío de la noche, cogió a Tara y se fue a dar un paseo. Poco a poco se invadió de nostalgia y pensó en su casa, en cómo Fifín estaría recogiendo todavía la cocina, porque allí el día de Navidad se alargaba hasta bien entrada la noche. Imaginaba a Jaime recogiendo los dulces sobrantes o barriendo el amplio comedor mientras por la cocina se oiría el ruido de un lavavajillas repleto.

Olga y Carlos se habrían ido a casa con Penélope. A sus cinco años la imaginaba feliz de recibir tantos y tantos juguetes. Con ella había hablado por la mañana. Penélope le preguntó si en su casa también había regalos o si Papá Noel no la había encontrado. Está muy lejos, tía, le dijo la pequeña. Pero Helena le contestó que aquel señor gordote de barba blanca era mágico y sabía muy bien dónde vivía su tía. Así que, por supuesto, también en su casa dejó un regalo para ella.

Todo eso recordó Helena. Se puso a llorar. Sintió un calor extraño por la cara y se desabrochó la chaqueta blanca y roja pese al gélido frío que provenía de la montaña. Siguió andando por el sendero hasta que se hizo oscuro, hasta el lugar en el que las pocas farolas dejaban de alumbrar la aldea. Helena dio la vuelta en dirección a casa, mientras seguía llorando. En la puerta, con las manos heladas, se giró con la extraña certeza de que David no estaría, aunque ella deseara abrazarlo y tenerlo a su lado. Pero sí, no se equivocó, la casa estaba cerrada. Las luces apagadas.

Helena entró en la suya. Sintió el frío que se había colado en su cuerpo y que no había notado hasta ese momento. Se sentó en el sofá. La melancolía hizo presa sobre ella y no podía escaparse. Echó de menos estar en casa, compartir con Penélope la Navidad, comer hasta sentir que el estómago se dilataba tanto que no resistía un mazapán más. Echó de menos el calor de su casa repleta de gente, el escándalo, las conversaciones superpuestas. Todo eso que, tantas veces, la molestó y que ahora añoraba. Sintió la necesidad de estar con ellos, brindar por ese momento, por volverse a juntar un año más. Echó de menos, incluso, cuando compartía aquel tiempo con alguien a quien amó.

El corazón le dio un vuelco.

Sí, Helena también añoraba sentirse querida y amar. Compartirlo todo. No tener que disimular, mostrarse sin máscaras ante esa persona a la que amas. Helena echaba de menos todo eso, aunque estaba segura de no haberlo tenido jamás con Andrés.

Cogió el teléfono y llamó a María. Con ella podía ser sincera. Contarle todo lo que sentía. Y pese a que ya eran las doce de la noche, supo que su amiga estaría despierta. Escuchó su voz al otro lado del inalámbrico. No hizo falta que Helena dijera nada, porque con aquella llamada, María supo que no estaba bien. La dejó llorar. De vez en cuando se podía oír un Helena melancólico. María sufría al ver a su amiga, de nuevo, así, repleta de tristeza.

Cuando logró calmarse, entre sollozos, Helena le contó que echaba de menos a su familia. María se tomó su tiempo para contestar.

—Os echo mucho de menos a todos —volvió a decir Helena.

—Llama por teléfono. Habla con tus padres. Ese es mi consejo. Si tanto quieres verlos, llama.

—Es demasiado tarde.

—No es tarde. Telefonea a Carlos, habla con él y después decides si quieres hacerlo también con tus padres.

—Hace más de cuatro años que me fui, María. No hemos vuelto a hablar. Mi madre no me ha llamado ni una sola vez.

—Tú a ella tampoco. Te fuiste porque te tenías que ir. Tal vez ha llegado el momento de que cuentes la verdad y puedas ir a casa cuando quieras.

—Esto es una mierda. —Lloró de nuevo.

—Helena, no puedes volver a lo de antes, no puedes encerrarte otra vez, ¿me oyes?

—No, no. Eso no. Estoy bien, de verdad; pero estos días son una mierda. Aquí todo el mundo con su familia, y yo, sola.

—Llámalos. No le des tantas vueltas. Te lo repito, habla con Carlos y después piensas qué hacer. Pero tienes que volver a casa, Helena. Tienes que volver.

María supo, desde el momento en que su amiga abandonó a Andrés que, más pronto que tarde, huiría; aunque nunca calibró que la marcha fuera a dejarla incomunicada con su familia. María intuyó desde el principio qué le estaba haciendo Andrés a Helena, quien nunca quiso hablar de lo que le pasaba. Se negaba rotundamente a aceptar que el universitario del que se había enamorado era un manipulador.

Tampoco quiso Helena escuchar a María, nunca quiso escuchar de boca de nadie que Andrés era un maltratador. Porque aunque no recibiera los golpes que tantas veces vio por la televisión, sabía que había sido maltratada, aunque hubiera tenido suerte de que Andrés no la golpeara cuando decidió acabar su relación como les había pasado a tantas y tantas mujeres a lo largo de la historia. Helena no recibió un golpe, ni uno solo, en todos los años que estuvo con Andrés, pero eso no quería decir que no la hubiera herido. El menosprecio hasta límites insospechados era tan doloroso como un golpe.

Y como esos golpes ella había estado recibiendo día a día. Se dejó manejar por aquel ser que la enamoró con palabras, las mismas que utilizó después como un arma contra ella hasta que consiguió que se sintiera un ser inferior, insignificante para el resto del mundo. A Helena, que todos la creían inteligente y fuerte. Ella, que se enfrentó a su familia; ella, que criticó una y otra vez a sus amigas cuando lo dejaban todo por salir con sus parejas; ella, que tenía un puesto de responsabilidad en una empresa, que lidiaba con empresarios machistas de países todavía más machistas; ella, esa Helena, era la misma que Andrés había herido de muerte a base de indiferencia y agresiones verbales casi diarias.

Esa era la misma Helena que llamó a María un veinticinco de diciembre, a las doce de la noche, para contarle que no podía más con las ausencias.

6

Acuéstate, descansa, le dijo María antes de cortar la comunicación.

—Si David estuviera aquí no hubiera sido igual.

Esas eran las palabras que sorprendieron a María cuando tenía el dedo en el botón rojo de su teléfono.

—¿Quién es David?

—Vino a vivir a la casa de enfrente hace unos meses.

—¿Y por qué yo no sabía nada de él?

—Porque no habíamos hablado hasta hace unos días. Nos veíamos, nos saludábamos. Ya está. Yo no quiero volver a pasar por lo mismo otra vez.

—No todos son igual. Lo sabes.

—Sí, pero Andrés también parecía una cosa y después...

—Después resultó ser un hijo de puta, sí.

Helena, después de tanto llorar, rio.

—Tú nunca hablas así —le dijo a María.

—Es que odio a ese tío.

—Yo también. David no es así. Creo. Aunque tengo miedo, mucho miedo de volver a lo mismo.

—¿Él sabe lo que te pasó?

—No, no le he contado nada.

—¿Entonces te gusta?

—No, no es eso, no. Me gusta estar con él. Nos reímos. Quedamos y nos contamos el día. Es agradable.

—Eso es casi una relación.

—No, no. A él le han dado una plaza aquí, en el instituto.

—¿Es profesor? —la cortó.

—Sí, de literatura. Pero igual el año que viene se va a otro sitio. ¿Y entonces qué?

—Todavía no ha pasado nada y ya estás pensando en el próximo año. No puedes estar siempre calculándolo todo. Deja que las cosas sigan su curso.

—Sí, pero cuando se vaya, la que se queda sola soy yo.

—¿Y si no se va?

—No lo sé. Si no se va, no lo sé. Pero no voy a volver a pasar por lo mismo —insistía Helena.

—Te voy a dar otro consejo, aunque sé que es muy fácil darlos cuando no va contigo el tema; pero soy tu amiga y te aprecio: no puedes controlarlo todo. Hay cosas que se nos escapan. Si te apetece estar con él, ya sabes; pero no busques más allá. No analices cada detalle o te volverás loca. Lo que pasó con Andrés se acabó. Vuelve a ser tú, disfruta. Y ya sabes eso que siempre nos decíamos nosotras.

—Lo que tenga que ser, será —corearon al unísono.

—Gracias, María. Mañana hablamos y te cuento, ¿vale?

—Hazme caso.

Helena colgó. La conversación con María la relajó bastante. Encendió la televisión y esperó dormirse en el sofá, igual que había hecho en incontables ocasiones, acurrucada y con la mestiza enroscada sobre sus rodillas.

La mañana del veintiséis de diciembre amaneció con sol. Helena se despertó en el sofá y sintió el frío en su cuerpo. Supo, solo con abrir los ojos, que un fuerte constipado se había apoderado de ella. Se levantó y se preparó el desayuno. Abrió las ventanas para ver cómo amanecía. Buscó por el baño algo que tomar para calmar ese malestar que la invadía. Además, una extraña sensación en su estómago le impedía ingerir el desayuno. Estaba nerviosa. Había pasado toda la noche despertándose y únicamente lograba conciliar el sueño gracias al ronroneo de la televisión.

La conversación con María la calmó, sí; pero debía cumplir con la promesa que le había hecho y eso significaba llamar a sus padres, aunque no hallaba la forma de hacerlo. Tomó, como pudo, el desayuno, mientras veía correr a Tara a través de la ventana. Helena no la había acompañado esa mañana porque tenía fiebre.

A las siete y cuarto, sin fuerzas, subió a la habitación. Cogió la ropa y se metió en la ducha. Sintió el agua ardiendo, aunque no conseguía entrar en calor. Desistió y, pese al frío que todavía invadía su cuerpo, salió de la ducha y se vistió. Después bajó las escaleras, se puso la cazadora, cogió el bolso de la entrada y salió. Paró en el bar de la carretera a tomar otro café y felicitó a Rosa las fiestas. Hacía días que no se veían. Hablaron del trabajo, de lo lleno que estaba todo y de que a ellos, de momento, no les había llegado la crisis, pese a que España entera parecía que hubiera sido engullida por una hecatombe.

Helena, sin saberlo, intentaba alargar el momento de la llamada, pero la hora de entrar a trabajar llegaba y tenía que tomar una decisión. Salió del bar y se sentó en el coche. Con manos temblorosas cogió el móvil y marcó. Hablaron de Penélope, de cómo se había despertado a las seis de la mañana para jugar con los regalos y de cómo la había convencido Olga de que durmiera un poco más metiéndosela en la cama.

—¿Qué tal ayer? —Se atrevió a preguntar Helena. Solo tenía dos minutos antes de poner el coche en marcha y llegar al hotel.

—Como siempre. Bien. Todos en casa. La mamá muy nerviosa, el papá resignado a esos nervios y después, todo perfecto. Como siempre.

Helena guardó silencio.

—¿Qué pasa? —Carlos temía que algo no fuera bien.

—No pasa nada. Que ayer… Nada, eso. Que eché de menos estar allí.

Esta vez fue Carlos quien guardó silencio.

—Ya se me ha pasado, de verdad; pero quería oírte hablar.

—No se te ha pasado, porque todavía no son las nueve y me has llamado.

—Ya lo sé. —Silencio—. A veces también pienso en telefonear a casa, pero no sé si puedo.

—¡Claro que puedes!

—La mamá no ha hablado…

—No vayas por ahí, Helena. Si quieres hablar con ella, ya sabes lo que tienes que hacer. Pero no la culpes por no haberte llamado.

—Me da un poco de palo. ¿Tú vas a ir hoy a casa?

—A comer.

—¿Me llamas?

—Telefonéame tú mejor cuando salgas de trabajar. Yo estaré allí seguro.

Colgaron.

Helena entró en el hotel pasadas las nueve. Era la primera vez que llegaba tarde, pero cuando vieron cómo estaba de congestionada creyeron saber el motivo. Se equivocaban.

A las doce menos cuarto a Helena le había subido la fiebre de nuevo. La cara le ardía y el cuerpo le pesaba. Se marchó del hotel casi convencida de que no podría ir por la tarde. Llegó a casa y se metió en la cama. Esperó a que el paracetamol le hiciera efecto, pero antes de que pudiera darse cuenta se durmió. Se despertó a las tres y media empapada en sudor. Se cambió de ropa y, temblando, marcó el número de Carlos. Se saludaron como si no hubieran hablado desde hacía días. Helena le contó que estaba en cama. Carlos que estaba en casa de Fifín y después se hizo, de nuevo, un silencio espeso.

—¿Cómo están? —preguntó Helena intentado disimular.

—Bien, muy bien. Estamos tomando café e intentado que Penélope se duerma, pero nada.

Helena no era capaz de decir una sola palabra.

—Sí, ayer bien. —Carlos intentaba ayudarla, aunque él no era de improvisar—. La tía también vino, claro, como siempre. Nada, ya sabes. Contando anécdotas.

—No sé qué decir —susurraba Helena, más porque no la oyeran sus padres que por la afonía que se estaba gestando en su garganta.

—Pues ahí está, en el sofá.

Carlos hacía lo que podía, pero también a él se le agotaban las ideas. Tenía que ver cómo le pasaba el teléfono a Fifín, aunque no sabía cómo hacerlo.

—Durmiendo a Penélope —disimuló de nuevo.

—¿Y la mamá? —Por fin Helena había conseguido preguntar por ella.

—Enfrente de mí. Y el papá en la cocina, que ha ido a por turrones, como si no hubiéramos comido bastante estos días.

—Dile si quiere hablar conmigo. —Helena temblaba.

Carlos no quiso preguntarle a Fifín en voz alta y le ofreció el teléfono. Ella estiró el brazo y lo cogió.

—Hola, Helena.

Al oír la voz de Fifín, Helena se echó a llorar.

—Mamá...

Eran incapaces de articular palabra alguna. Durante unos segundos no dijeron nada. Fifín y Helena lloraban la ausencia de tantos años.

—Deja de llorar, mamá.

—¿Y tú qué haces?

—Lo mismo, sí.

—Pues no me digas a mí lo que tengo que hacer.

Fifín era así. No dejaba que le mandara nadie, aunque le mandara todo el mundo.

—¿Cómo estás? ¿Qué tal estos días con la casa llena? —Helena no sabía bien qué preguntar después de tanto tiempo.

—Bien. Faltabas tú, como siempre.

—Aquí es temporada alta, no te puedes pedir vacaciones.

—Ni aunque pudieras. Llevas cuatro años sin aparecer. —Fifín siempre disparaba al centro.

—Tampoco tú has venido a verme. —Helena tenía su mismo carácter.

Ahí estaban, otra vez, madre e hija echándose de menos hasta romperse el alma, pero retándose de nuevo.

—No sé dónde estás. No me has llamado para decírmelo.

—Estoy en una aldea del Pirineo. Supongo que Carlos te lo habrá contado.

—Carlos, sí; tú, no.

—Te lo estoy diciendo ahora. Trabajo en un hotel. Estamos en temporada alta. Hay un montón de nieve y la gente viene a aprovechar estos días de fiesta.

—Con lo que a ti te gusta el frío, ¿verdad, hija? —ironizó.

—No me gusta, no; aunque me voy acostumbrando.

—Con tal de estar bien lejos, lo que haga falta.

—A cinco horas de camino. Sales temprano y al mediodía estás aquí. —Helena había cambiado las lágrimas por un mordisco intenso en el labio inferior. Empezaba a enfadarse.

—Pues no has venido ningún día a comer. —Fifín remataba cada frase hiriente.

—Tú tampoco.

Helena no quiso decir más. Era imposible que su madre y ella volvieran a hablar, porque era imposible que ella le perdonara que no hubiera visto cuánto daño le había hecho Andrés, y Fifín no le perdonaría que se marchara y no volviera.

Al otro lado del teléfono se escuchó la voz de Carlos.

—Te voy a colgar, ¿vale? Que Olga necesita que coja a Penélope. Ya hablamos.

Helena escuchó unos pitidos cadentes y sintió furia. Después, lloró.

Al otro lado, en la casa que un día Helena habitó, sentada en la silla de madera, con los brazos apoyados sobre su cara, Fifín también lloraba ante la mirada preocupada de Carlos y la iracunda de Jaime. Fifín lloraba porque llevaba más de cuatro años sin oír a su hija; llevaba años esperando esa llamada. Había pensado en todo lo que le diría cuando Helena volviera a casa, o en todo lo que le contaría cuando hablaran. Le quería decir que la quería, que también la echaba de menos, que deseaba abrazarla e incluso acunarla en sus brazos como cuando era pequeña.

Pero a Fifín no la enseñaron a expresar todo eso, y acabó, como Helena, por pronunciar justo lo contrario de lo que había pensado decir.

Así eran Fifín y Helena. Iguales. Aunque ninguna de las dos lo quisiera reconocer.

7

Esa misma tarde, cuando todavía Helena no había dejado de llorar y la fiebre seguía invadiendo su cuerpo, el teléfono móvil vibró. No quiso cogerlo pensando que sería Carlos. Después, cuando ya no le quedaban lágrimas, se durmió. Abrió los ojos pasadas las nueve de la noche al sentir la pata de Tara golpeándole la espalda. La noche había caído sobre la aldea. Se incorporó de la cama, se colocó la chaqueta vieja que utilizaba para estar por casa y miró el teléfono. David era quien la había llamado.

Bajó las escaleras y abrió la puerta. Un fuerte frío se adueñó de la casa. Tara salió. Ella permaneció dentro. Esperó unos minutos a que volviera mientras se preparaba un bocadillo con queso. No tenía ganas de cocinar y tampoco de comer. Rellenó el bebedero y el comedero de Tara y después se sentó en el sofá tapada con una manta de cuadros. Mientras masticaba el bocadillo escuchó rascar la puerta. Abrió y ella volvió de nuevo al sofá. Dejó transcurrir el tiempo hasta que sintió frío. Solo entonces se levantó para prepararse una infusión caliente. Con las manos entrelazadas a la taza intentaba Helena recoger todo el calor que desprendía el agua hirviendo.

Dio dos sorbos y cogió el teléfono. Marcó el número de David. Escuchar su voz fue lo mejor que le había pasado durante ese día o, si lo pensaba bien, lo mejor que le había pasado desde que él se fuera. David supo enseguida que Helena estaba enferma. Ella intentó restarle importancia a su gripe, pero confesar que no había ido a trabajar, la delató.

De lo ocurrido con Fifín, no contó nada.

David y Helena no hablaron mucho, pero lo suficiente como para que, al colgar, los dos se echaran de menos. Se habían acostumbrado, sin quererlo y demasiado pronto, a la presencia del otro. Ella no quiso pensar en eso y volvió a la cama. David pensó demasiado en ello, mientras un insomnio, extraño en él, le impedía dormir.

Todo el día siguiente lo pasó Helena acostada. Solo se levantaba para ir al baño y comer cualquier cosa que le permitiera ingerir los medicamentos. Pero el ladrido de Tara y el ruido de un coche la inquietaron. Se levantó con miedo sin encender la luz. Bajó las escaleras despacio, aunque los ladridos lo ensordecían todo. Se asomó a la ventana.

Era el coche de David.

Se apresuró a entrar en el baño y recogerse el pelo en una coleta. Oyó el timbre.

—¿Qué haces aquí?

—Tienes mal aspecto.

—Te vas a contagiar. —Lo miró con una sonrisa—. ¿Pasas?

—¿Cómo estás?

—Fatal. He estado con fiebre todo el día. ¿Pero qué haces aquí? ¿No te quedabas a pasar las navidades en Barcelona?

David no tenía excusas. No sabía qué tenía que contestar. Había vuelto porque Helena estaba enferma. Podía mentir y mentirse, pero esa era la única realidad. Quería cuidarla. Barcelona se le hacía demasiado grande ahora que se había acostumbrado a la aldea.

—Mis padres se iban a pasar unos días a casa de mi hermana y yo me he vuelto.

—¿Quieres un café?

—No, no te preocupes. Voy a descargar el coche. Te dejo que descanses. Solo quería ver cómo estabas.

—Me duele todo.

—Acuéstate. Puedo llevarme a Tara. Te la traeré después.

—No hace falta que te molestes.

—Me la llevo.

No dijo más. Se levantó del sofá, cogió la correa y se marchó.

Helena estaba confusa. David había vuelto y no quiso creer que había sido por ella, aunque algo le decía que eso era lo que ocurrido. Tal vez es mejor no pensar, se dijo recordando las palabras de María. Subió las escaleras y entró en la habitación. Tomó ropa limpia, unas mallas negras y un jersey de lana. Mientras se vestía, recordó la conversación mantenida con Fifín. Se echó a llorar. No había hablado con Carlos después y tampoco con María. Estaba sola, o al menos así se sentía. Le pareció cruel que ahora que su vida volvía a encauzarse, que sentía que podía empezar de nuevo, tampoco Fifín se lo permitiera.

Había dado aquel paso pensando en volver a casa, en recuperar esos años que Andrés le hizo perder, sincerarse con Jaime y Fifín, contarles toda la verdad. Quería abrazarlos de nuevo, pasar tiempo con Penélope, con María. Pensó hasta en sonreír más y dejar entrar a David.

Todo eso pensó durante días, aunque no sirvió de nada. Fifín no la había perdonado. Tal vez no la perdonaría jamás. Y ella, otra vez, sintió que lo más sencillo era dejarlo todo como estaba. No remover el pasado y no remover el futuro. Lo mejor, aunque le doliera, era dejarlo todo, como siempre. Asumir que estaba sola y que el tiempo la envejecería todavía más. Pensó en cómo Andrés le había matado la vida. Bajó al salón y se sentó frente al televisor. Dejó correr el tiempo, como hiciera años atrás, cubierta por una manta que lo escondía todo.

A las diez de la noche oyó a David salir de su casa. Se levantó para abrirle. Él sonreía mientras se acercaba a ella con un plato entre las manos.

—Hemos hecho tortilla de patatas para ti también.

—No hacía falta.

—Come un poco.

Helena obedeció. Tomó un plato y calentó la tortilla que le ofrecía David.

—¿Tú ya has cenado?

—No —respondió algo ruborizado.

Helena sacó dos platos del armario, dos vasos y una botella de agua y lo colocó encima de la mesa.

David no habló; pero supo entonces que quería acostumbrarse a eso y a todo lo demás, siempre que llevara escrita la palabra Helena.

Siempre hay un final

1

María rescató a Helena de un lugar oscuro en el que se instaló desde que llegara al Pirineo el catorce de mayo del año 2000. Los días se sucedían sin demasiados cambios, pero obligaron a Helena a salir cada día al sol, a abrir las ventanas por las que respiraba aire, a caminar despacio por los senderos que nunca antes transitó. María consiguió que Helena, además de existir, aprendiera de nuevo a vivir.

Nunca hablaron de Andrés, ni de Fifín. En todos aquellos días no pronunciaron los nombres que más dolían a Helena. Se limitaban a fingir, porque ser sinceras, hablar de ellos, era romper a Helena. María lo sabía, y por eso supo que ella gritaba desde el silencio que no pronunciara esos nombres. María siempre intuía cómo se sentía su amiga, qué pasaba por su cabeza, aunque no dijera nada. Siempre, excepto esa vez en que Helena había fingido a la perfección que su vida en la aldea era lo que había deseado.

Tampoco durante ese mes y medio que María permaneció en Pirineos hablaron de Carlos o Penélope, porque dentro de Helena se rasgaba una parte al pensar en ellos. Durante esos días, María se limitó a obligarla a desayunar cada mañana, ducharse, salir a pasear, comer, dormir, salir a tomar un café o una cerveza, y si se hacía demasiado tarde, a cenar un bocadillo en las rocas del río. Después, vuelta a casa y a dormir. Esa fue la rutina que María le marcó a Helena y que ella cumplió sin queja alguna. En el fondo le gustaba tener a su amiga con ella y saber que, una vez más, la salvaría del oscuro pozo en el que ella misma se había metido.

Poco a poco Helena recobró el color e incluso, si la observabas, alguna sonrisa. María, en ese momento, insistía en que volviera a Valencia con ella, a casa, a trabajar, a lo que quisiera, siempre que fuera en el lugar que la había visto crecer. Entonces, como si todo volviera al instante en el que María apareció un día de verano, Helena se encerraba, se encogía cada vez más y se volvía tan silenciosa, que su amiga temblaba porque no quería perderla de nuevo. María era consciente de que necesitaba dejarla caer tranquila, que se hundiera despacio, pero cogida de su mano para que no llegara al suelo, y de que Helena, aunque menuda, no anduviera sola.

Recordó entonces la última vez que la vio así, y cómo, sin quererlo Helena, volvió a sonreír, a reírse de la vida, y a decidir, por fin, separarse de quien más daño le hacía y seguir adelante.

Helena intentó abandonar a Andrés tras su salida del hospital cuando se dio cuenta de que la persona a la que tanto había amado era capaz de hacerle daño; mucho más del que ella hubiera pensado que podía soportar. Y lo intentó cada tarde, cuando volvía de trabajar e iba a casa del que era su novio para decirle que lo dejaba. Y cada día, cuando Helena regresaba a su casa, lo hacía en el mismo coche y con la misma pareja que había tenido durante los últimos seis años.

En esos días en los que Helena iba y venía a casa de Andrés sin atreverse a pronunciar las palabras que tantas veces se escuchó en su cabeza, hubo una reunión en Madrid. Una de esas a las que acudían María y Helena; una de esas en las que se reunían con un cliente, soportaban una dura negociación y volvían a casa seguras de que habían perdido en el camino a la persona que hubiera permitido a la empresa relajarse durante los siguientes tres años.

Macambo había crecido tanto, que ahora trabajaban veintitrés personas en la empresa que arrancó María sola y en la que Helena consiguió sentirse a salvo. Se reían muchas veces del nombre que le había dado. Solo a ti se te ocurre llamar así a la empresa, le había dicho en más de una ocasión Helena. No significa nada. Busca en el diccionario y sabrás que sí, le contestaba María. Helena, pero, creía que eran las iniciales de un nombre de mujer a la que su amiga no pudo olvidar. Se equivocaba. Tenía un significado.

Macambo era ahora una empresa enorme, lo que implicaba, aunque no lo hubiera pensado María al principio, reuniones lejos de casa. Como tantas otras veces, las dos compañeras se encontraron en la puerta de la estación del tren. Desde allí, con escaso equipaje, se dirigían a la vía que indicaba el panel, se subían y dormían. Al despertar, iban a la cafetería del tren, tomaban un desayuno, café y cruasán, las dos igual, y después hablaban y hablaban, café tras café, hasta que se les agotaban todos los supuestos inconvenientes que se les podían presentar en la reunión, y todas las posibles soluciones que ellas darían. Hasta dónde iban a negociar y hasta dónde se iban a permitir ceder.

Helena, que era una gran empresaria, siempre buscaba rebajar todas las exigencias de María, que eran demasiadas. Y María, que era una gran filósofa, se negaba rotundamente a negociar con los contratos de los trabajadores que había que concertar al otro lado del océano. Pareciera que se intercambiaran los papeles en aquellas charlas.

—O les dan unas buenas condiciones o no firmamos.

—Te juegas millones, María. ¿Lo entiendes? Millones. Tú no puedes salvar el mundo. El sistema lo hemos alimentado nosotros. Ellos viven mal para que nosotros vivamos mejor. Y si no firmas ese contrato, también nosotras viviremos peor.

—No es negociable. Esas son las condiciones. Lo demás te lo dejo a ti, pero ahí no vas a ceder.

Helena no quería decirle a María que era una locura. Sin embargo, era una de esas locuras que hacía que admirara más a su amiga. Helena, entonces, hacía como que se enfadaba y volvía a su asiento, sacaba el portátil y revisaba una a una las cláusulas para ver cómo lograba ese contrato millonario. María salía detrás de ella, sonriendo, porque sabía que, aunque disimulara, eso, exactamente eso, era lo que Helena hubiera exigido si fuera ella la dueña de Macambo. Después, se sentaba a su lado, la miraba, cerraba los ojos y simulaba que volvía a dormir hasta que por los altavoces escuchaban que en breves momentos llegarían a Puerta de Atocha.

De todo eso hacía ya demasiado tiempo, pero a María le apeteció rememorarlo en ese momento. Sentadas en el sofá, como otras veces hicieran, después de unas cuantas cervezas, María comenzó a hablar de esa reunión en Madrid. Creyó que sería una buena manera de recordarle a Helena que hubo un tiempo en el que consiguió sonreír pese a todo el dolor que tenía dentro.

—¿Sabes de lo que me estoy acordando? De esa vez que fuimos a Madrid pensando que no nos darían aquel contrato millonario porque exigíamos demasiado.

—Exigías. Todavía me pregunto cómo nos lo dieron con las cláusulas que les impusiste.

—Yo te podría dar algún motivo.

Las risas empezaron a habitar la casa abuhardillada que Helena había alquilado unos meses atrás.

—Es que era muy guapo. Pero por eso no fue.

—¿Cómo que no? ¿Qué fue aquello que te escribió?

—Yo también tengo otra vida, pero la cambiaría por ti —Helena dijo estas palabras con demasiada cadencia.

—Lo siento, eso era lo que no quería recordarte.

—Me atreví a abandonarlo después de esa noche. Comprendí que había otra forma de vivir.

—Siempre lo habías sabido, aunque no quisiste aceptarlo.

—Fue mi mayor fracaso. Tal vez el único, entonces. Después vinieron más.

—Cuéntame qué pasó. Siempre me guardaste el secreto.

—Cuando volví a Valencia no fui a casa. Él no vino a esperarme a la estación. Tampoco eso me sorprendió. Dejé de interrogarme por sus ausencias. A veces hasta me alegraba de ellas. Aquel día cogí un taxi. Te dije que estaba muy cansada y que no sabía si iría a trabajar el martes, porque nos había caído un puente de tres días por el uno de noviembre. Creo que pensaste que me volvía a Madrid. —María sonrió—. Aquel taxi me dejó bajo su portal. Mientras pagaba, me di cuenta de cómo me temblaban las manos. Sin embargo, supe que tenía que salir y llamar al timbre. Lo hice. Subí en el ascensor sin saber qué le iba a decir a Andrés. Tampoco importaba. Iba a impedirme, una vez más, que lo abandonara. Buscaría un pretexto con el que retenerme a su lado: sus padres, una crisis en el bufete que solo podía arreglar él, su mejor amigo que también había sido abandonado. No importaba. No me dejaría marchar. Entré en su casa. No salió a recibirme. Ya no lo hacía nunca. Me coloqué delante del televisor y le dije estas palabras: «Me voy para siempre. No quiero volver a verte. No quiero que me hables, ni que me llames, ni que me persigas. Se acabó». Él me miró con asco, porque aquella no era una mirada furiosa, y se limitó a contestar: «Cuando vuelves de estar con la puta esa siempre me montas un numerito. Mañana se te pasa».

Helena hizo una pausa. Esperaba que María increpara a Andrés, que hiciera alguno de esos comentarios que ella hacía sobre él. Pero María no dijo nada, se limitó a esperar a que Helena continuara.

—A mi mente se vino la noche anterior y comprendí que no eras tú la que me había convencido de que tenía que dejarle, no era Pablo y lo que nos ocurrió, tampoco era Andrés. Era yo. Era mi deseo de volver a ser la Helena de los veinte años, esa que él me robó. Esa que sonreía, la que era capaz de no reírse con chistes desatinados, pero de pronto reír del más absurdo de todos. Quería que regresara la Helena que se permitía bailar por la casa mientras preparaba la comida, la que tomaba cervezas con sus amigos, la que casi nunca lloraba. De eso iba aquella decisión. Por eso, ante los insultos que profirió contra ti y que tanto me dolieron, me limité a decir: «No se me va a pasar. No quiero que vuelvas a decirme que es el peor momento para dejarte, nunca más. No me voy a quedar aquí contigo». Después, cogí mi maleta y me fui. Andrés no vino a por mí. Él estaba convencido de que yo aparecería el sábado por la mañana en su casa, lo despertaría, me gritaría, me haría el amor y todo volvería al inicio.

—Hiciste bien en no volver. —Esta vez María sí dijo algo.

—Mis padres me preguntaban a cada instante y yo les decía que todo había terminado. Esa fue mi segunda gran batalla. Mi madre no entendía nada, decía que era un error, que Andrés era muy buen chico y trabajador. Que él se sacrificó por mí, que seguro que al final se me pasaría, que siempre había discusiones entre parejas, pero que yo tenía que aprender a perdonar. ¿Puedes creerlo? Ni una sola vez, María, ni una sola me preguntó qué había pasado, por qué lo dejaba o si yo estaba bien. Ni buscó tampoco una relación entre mis diez kilos de menos y esa ruptura. Para ella todo iba bien, porque yo nunca dije nada, nunca conté lo que me hacía Andrés, nunca quise decir que aquel joven del que me enamoré, me maltrataba. Nunca dije nada. Y para ellos, eso era que todo estaba bien.

—Podrías haberlo contado entonces.

—No. Si no entendían que lo hubiera abandonado, menos que les dijera lo que era. Nunca llevé un moretón a casa.

—Hay muchas formas de golpear.

—Lo sé ahora, María. Pero entonces no era consciente. Tuvieron que pasar meses hasta que me di cuenta. Durante ese tiempo no supe que eso que él me hacía era una forma de maltrato. Lo único que sabía era que no quería estar más con él, que se había terminado.

—Eso era suficiente después de todo lo que pasaste.

—Tú me lo decías y yo…

—No importa ahora.

—¿Sabes cuántas veces, aquí, mirando el televisor apagado, me he preguntado cómo fue que no me di cuenta?

—Le querías demasiado y él se aprovechó de eso. Te fue empequeñeciendo hasta que pudo contigo.

—¿Cómo lo consiguió? ¡Soy yo, María, soy yo! Sabes de lo que soy capaz. Me he enfrentado a hombres mucho peores que Andrés decenas de veces.

—Era trabajo.

—Los veía burlarse de nosotras, vejar a sus mujeres en las comidas, despreciarlas. Y nunca me di cuenta de que Andrés, de alguna manera, hacía lo mismo conmigo.

—Sí que te diste cuenta, pero creó un vínculo entre vosotros que tú eras incapaz de romper. Siempre encontraba una excusa para retenerte.

—¿Y lo rompí porque me follé a otro? —Helena estaba indignada consigo misma.

—No, lo rompiste porque lo que pasó con Pablo te demostró que podías acabar con el vínculo, que no era tan bueno como tú creías, que te dejaste engañar. Te demostraste que merecías más y tomaste la decisión.

Hubo un silencio después de aquellas palabras.

—Mi madre le abrió la puerta durante seis meses más. Tenía que esconderme en hoteles para no cruzarme con él en casa. No había manera de que dejara de acosarme. Ella creía que iba a buscarme porque me quería y todavía era peor lo que tenía que soportar cuando volvía. Otras veces, tenía que cenar con él porque cuando llegaba ya estaban en la mesa. Creo que fueron los peores seis meses de mi vida. Cuando se iba me cogía con fuerza para besarme. Me obligaba. Le dije una y mil veces que no volviera, que me dejara y nunca me hizo caso. Y ellos siempre le volvían a abrir. No importaba lo que les pidiera, no importaba que no hablara durante la cena, que pasara días sin volver a dormir en casa. Nada. Mis excusas del trabajo y mi silencio ayudaron a que mis padres y Carlos nunca supieran qué pasaba de verdad.

—Yo creo que tu hermano intuía alguna cosa.

—No, María, no se imaginaba esto. Si no, lo hubiera parado. Se enteró el día que me despedí de él.

—Helena...

—No importa.

Pero sí importaba, porque Helena había estado llorando desde que comenzara a hablar. Había reconocido, después de seis años, lo que Andrés hizo con ella. Se dio cuenta de que sus silencios engañaron a su familia. Se dio cuenta, justo en ese momento, que Andrés, de alguna forma, la había matado.

2

Voy a recomponerme. Ese fue el pacto que firmó Helena con María la mañana que su amiga regresaba a casa después de casi dos meses. No hablaron más hasta que metió las maletas en el coche. Un abrazo las despidió.

—Tienes que hacer algo. No puedes estar todo el día encerrada en casa.

—Lo haré. No tendrás que volver.

—Pienso venir a verte.

—Sí, pero no hará falta que me rescates.

—No, ya no más.

Volvieron a abrazarse. María se subió en el coche y Helena levantó el brazo como si fuera capaz de retener aquel vehículo un minuto más. Entró en la casa, se sentó en el sofá, tomó a Tara entre sus piernas y recordó, uno a uno, los minutos que pasó con Pablo. Esa historia que María imaginaba y que su amiga nunca quiso contarle.

Los presentaron nada más llegar a las oficinas que estaban situadas en una avenida enorme en el centro de Madrid. Un edificio de ocho plantas acristalado, que la empresa alquiló para llevar a cabo esa reunión y desde donde se divisaba un jardín enorme. Desde el principio se atrajeron. Se dirigieron miradas cómplices durante la reunión y él quedó asombrado de cada palabra que pronunciaba Helena. María lo vio. Y permitió que fuera su amiga quien explicara a aquellos empresarios las cláusulas que habían convenido. Ella casi no habló.

A las dos de la tarde se fueron a un restaurante céntrico donde les habían reservado una mesa discreta. Helena y Pablo no pararon de hablar. Se contaron con detalle cómo eran sus vidas omitiendo todo lo que podía interferir en un futuro próximo de los dos. Después de la comida, volvieron a la empresa y continuaron con una reunión en la que, casi todo, estaba dicho. Aunque Pablo quería saber más. Y Helena estaba dispuesta a volver a repasar punto por punto aquel acuerdo. Había que cerrar cláusulas, había que negociar el tiempo en el que se estipulaba la obra, cuánto material necesitarían o cómo se haría el transporte.

A esa segunda reunión se sucedió una cena, pero solo con Pablo, porque no quería dejarlas solas. O eso decía él. María quiso desaparecer, irse al hotel, pero Helena no se lo permitió. Cenarían juntos. Los tres. Sin embargo, cuando pidieron el café, María dijo estar cansada. Se despidió de su cliente y le dio las gracias por haberlas recibido tan amablemente. Pablo y Helena se quedaron solos. Y aunque pareciera que ya se lo habían contado todo, les quedaban infinitas cosas por decirse, de las que reírse, y con las que compartir una copa de vino.

A las dos de la mañana todavía les quedaban palabras.

Volvieron al hotel pasadas las tres en un taxi. Los dos al mismo. Parecía que todo iba a terminar ahí, despidiéndose, cada uno dirigiéndose a su habitación. Él, tal vez, intentando acercar su boca a la de Helena, y ella evitando ese encuentro que sería la antesala de algo que no estaba segura de desear.

Parecía que todo iba a terminar ahí. Pero Helena se despertó a la mañana siguiente con un beso entre sus labios y con Pablo, un joven tres años mayor que ella, con el que había roto la única regla que jamás pensó que rompería. Aunque ahí estaba ella, infiel y feliz de haberlo sido. Helena se descubrió otra, capaz de hacer cosas que nunca hubiera imaginado y, tal vez, todo aquello era fruto de su imaginación, de desdibujar una realidad. Por eso hasta pensó que podría abandonar a Andrés y empezar de nuevo con Pablo, dejarlo todo atrás y marcharse con aquel chico de uno setenta y ojos marrones con el que había compartido una sola y única noche. Una noche que se creció en las tres horas y cuarto que duraba el viaje de vuelta a Valencia y donde Helena se contaba detalles de lo que había saboreado. Porque Pablo sabía a dulce.

Él le dio un beso en la mejilla al llegar al hotel, sin forzar ese encuentro con la boca de Helena. Ella no insistió en encontrar los labios carnosos de él cuando ya andaba en dirección al ascensor. Aunque tampoco entró en la habitación. Lo miró mientras se alejaba por el largo pasillo. Lo observó andar con aquellos vaqueros rotos que a Helena le disparaban la imaginación. Se deleitó con su espalda escondida bajo una camisa blanca de lino. Todo eso hizo Helena hasta que Pablo se giró buscando a esa joven de la que se acababa de enamorar, que era capaz de llevar un vestido de los años sesenta cuando estaba a punto de acabar el milenio; que era capaz de decir más con una copa de vino entre los labios que cualquiera de las palabras pronunciadas.

Pablo se detuvo y esperó. Helena avanzó hasta él. Sin decir nada, se dejó guiar hasta la habitación 915 de aquel hotel de cuatro estrellas, demasiado elegante para no cometer pecado esa misma noche. Y allí, en la oscuridad, con la habitación iluminada por una escasa ráfaga de farola, Pablo y Helena se desnudaron.

Primero él le quitó el vestido y ella la camisa. Helena se sacó las sandalias de sus pies y se quedó descalza para sentir el calor de la moqueta, porque el resto de su cuerpo estaba helado. No se habían besado todavía. Se deleitaban en la elección de cada pieza de ropa que quitarían a continuación. Pablo acarició la cintura de Helena, sus caderas y metió su mano por el tanga negro que ella eligió para esa noche. Helena acarició la parte trasera de sus vaqueros y fue girando sus manos hasta localizar el botón. Lo desabrochó y tiró de los pantalones junto con la pieza de algodón que encontró a su paso. Y él se dejó arrastrar, mientras deslizaba las suyas por los muslos de Helena para borrar de su cuerpo cualquier atisbo de color que no fuera el de su piel.

Después la acercó a la cama, se tumbaron. Ella sobre él. Entonces Pablo y Helena se besaron. Despacio, lento, sutil. La lengua de él paseaba por su boca, mientras la de ella la perseguía para volver a sentir el sabor dulce que tanto le agradaba. Una vez y otra hasta que sus bocas buscaron otros lugares para explorar, otros espacios que producían gemidos de placer. Lugares desconocidos de ambos que se sabían únicos en ese instante. Y en esa autenticidad se estuvieron paseando hasta que la luz ya asomaba por la ventana. Entonces, tendidos el uno junto al otro, escondidos bajo las sábanas blancas, se durmieron.

A las nueve de la mañana Helena sintió un beso en su boca. Abrió los ojos. Se encontró con la mirada de Pablo que le decía que era la hora de volver a la realidad. Helena lo besó, una vez más, para descubrir si todavía sabía igual. Sonrió. Se puso su vestido y las sandalias, mientras seguía observando a Pablo desnudo. Ella paseó su lengua por los labios al salir de la habitación, donde descubrió que todavía le quedaba mucho por sentir a aquella Helena, que creía conocer bien y que, por una vez, la sorprendió con sus osados actos.

3

Pablo le pasó seis años atrás, cuando Helena casi no sonreía. Ahora, desde que David había entrado en su vida, despacio, se la veía reír. Así había sido desde que él volviera de sus vacaciones de Navidad para cuidarla en aquel invierno de 2004. Los dos se acostumbraron al otro, y después de casi un año, cuando el invierno volvió a asomar por la montaña, lo compartían ya casi todo. El calendario marcaba el mes de noviembre. El primer fin de semana sería para David y Helena como todos los anteriores: cena juntos y una película en el televisor junto a una copa de vino, cada uno recostado sobre una parte del sofá. Se turnaban los instantes de sueño hasta que los dos caían rendidos. La mayoría de veces se despertaban cuando las letras indicaban el final de la película.

Aquella noche, pero, iba a ser diferente.

He preparado la cena: hamburguesas vegetales y guisantes con cebolla. Te esperamos con una botella de vino tinto abierta. Helena sonrió cuando vio el mensaje en su teléfono. Le faltaba una hora para salir del hotel. La vuelta a casa la hizo escuchando música en la radio. Tarareaba las canciones, todas, las conociera o no. Cuando paró el coche al lado de casa, Tara corrió hacia ella mientras David la esperaba en la puerta. Entraron. Hacía un calor agradable. Le gustaba el olor a limón que inundaba siempre la casa de David.

Cenaron con la televisión sin sonido hasta que la película comenzó. Cuando Helena leyó el título, su cara reflejó el peor de los terrores. David estaba preparando el café, un café que a ella se le iba a hacer amargo.

—Es una película buenísima —dijo mientras le ofrecía la taza a Helena—. La vi en el cine cuando la estrenaron.

—Podemos cambiar a otra cosa. No me importa.

—No, no; tienes que verla.

—De verdad que puedes cambiar. La veré en otro momento.

—Si me encantó. Tú déjala.

Helena no encontró otra excusa. Pensó en cerrar los ojos y dormirse, pero lo que escuchaba, lo que veía, le impedía conciliar el sueño. Aquella tortura duraría casi dos horas. Ella, sin embargo, no iba a soportar llegar al final. Algo se revolvía en su estómago. Sentía náuseas, pero no quería hablar. No quería contar que ella había sido la protagonista de una película similar. Nunca quiso sincerarse con David. Si lo hacía, pensaba ella, la miraría de una manera distinta, y Helena no quería.

Pero a cada momento que pasaba la angustia crecía. Cuando vio a la protagonista encerrada en el balcón, cogió el mando, bajó la voz y, sin dejar de mirar al televisor, dijo en voz alta, por tercera y última vez en su vida, por qué había llegado hasta esa aldea alejada de todo y de todos.

—Salí con un chico, Andrés. Durante años no me di cuenta de lo que me hacía. Nunca me pegó. Supongo que la falta de golpes impidió reconocer el maltrato. Cada día era peor que el anterior.

—Helena —intentó interrumpirla David, pero ella no hizo caso.

—Adelgacé hasta diez kilos. Me menospreciaba, me gritaba, me insultaba, me ninguneaba. Jamás recibí una palabra cariñosa de él. Y tan menuda me hizo, que acabé por aceptar que no era nadie, que ningún otro hombre me querría, que había sido una suerte encontrarlo a él. Yo siempre acababa aceptando todo lo que Andrés me decía. Cuando intentaba explicarle que tenía una opinión diferente a la suya, él me gritaba y me convencía de que era yo la que no le quería. Entonces, cedía a todo cuanto él me pedía. A cambio, Andrés siempre me recompensaba haciéndome el amor, a modo de disculpa, como demostrándome que me amaba más que yo a él. Lo perdí todo. Estuve a punto también de perder a María cuando me ingresaron en el hospital. Una peritonitis. La eché de allí y le dije que no volvería a trabajar con ella, que iba a casarme y a tener hijos; algo que nunca quise hacer. A partir de ese día, Andrés vino a cuidarme a diario. Antes, no. Antes me decía que tenía mucho trabajo. Pero una noche, eché de menos a María justo antes de dormir. Era mi mejor amiga, con la que lo compartía todo. Él se alegró, ahora lo sé, de que me peleara con ella. La odiaba, porque había visto lo que hacía conmigo, me lo repitió infinitas veces, aunque yo nunca quise hacerle caso. La llamé. Marqué su número de teléfono con las pocas fuerzas que me quedaban después de una nueva discusión con Andrés. Cuando colgué, él estaba sentado en el sofá, me miraba con odio y no volvió a hablarme. Lo que pasó después nunca lo he contado. A nadie. La fiebre se apoderó de mí de madrugada y le pedí agua. Él se levantó, me miró y alejó el vaso tanto que no pude alcanzarlo. Pasé toda la noche mojándome los labios con la lengua para soportar la sequedad. Solo entonces entendí lo que Andrés hacía conmigo y me pregunté hasta dónde sería capaz de llegar.

—Hijo de puta. Helena yo...

—Lo peor vino después. Pasé semanas intentando romper con él y cuando lo conseguí, se negó a aceptarlo. Aparecía por mi casa y cuando llegaba de trabajar lo encontraba allí.

—¿Tus padres?

—Nunca se dieron cuenta. Era muy inteligente y yo guardé silencio. Creí que no me dejaría libre, pero un día él desapareció. Me sentí liberada, feliz. Aunque la angustia y el miedo que había pasado durante años me convirtieron en una persona distante. Eso y el rencor de que mis padres no se dieran cuenta hicieron que acabara la relación con ellos. Vine a Pirineos para alejarme. Nunca más los he vuelto a ver y no sé si los veré alguna vez. Eso es, sobre todo, lo que nunca le perdonaré a Andrés: que consiguiera arrebatarme lo que más quería.

Helena calló. No derramó ni una sola lágrima. David no sabía qué tenía que hacer. Cualquier cosa que dijera estaría mal. Miraba a Helena, que no había apartado la vista del televisor que él había apagado. Estuvieron demasiado tiempo en silencio. Helena no pensaba en nada. David en las ganas que tenía de encontrar a ese ser que tanto daño hizo a la persona que él más amaba. Se lo dijo así, en sus pensamientos, y estuvo seguro de que quería cuidar de Helena para siempre. David se quitó la manta que cubría sus piernas y se la pasó por la espalda de Helena, que seguía sin hablar. Se moría por abrazarla, pero no fue capaz.

—Lo que más me importaba. Me quitó lo que más me importaba. Mis padres, Carlos, Penélope y María. —Ahora sí resbalaban lágrimas por sus mejillas—. A María y nuestros eternos cafés, nuestros viajes juntas, un trabajo que me encantaba. Aunque no te lo creas, yo era la mejor negociadora. Echo de menos pelearme con clientes ricos que acaban por ceder a lo que nosotras exigimos, porque juntas, María y yo, éramos invencibles. —Sonrió entre lágrimas—. Lo podíamos todo. No había empresa de comercio exterior mejor que la nuestra. Y hasta eso me quitó.

—Puedo buscar un instituto en Valencia.

Las palabras de David salieron de su boca sin él pretenderlo. Helena sonrió y no dijo más. Calló y continuó inmóvil durante otros tantos eternos minutos.

—Cuando llegué aquí, estuve así, como ahora, durante meses.

David se rompió en mil pedazos. Se sintió pequeño ante tanto dolor. Lo que a él le pareció la mayor de las tragedias, la suya con Isabel, ahora resultaba nada. Se acercó a Helena. Pasó su brazo por los hombros de ella y la atrajo hacia sí. La abrazó. Ella se dejó caer sobre las piernas de David y le permitió que le acariciara el pelo. Pasaron horas sin decir nada, cada uno con sus pensamientos.

—Tengo miedo de irme a casa esta noche.

—Puedes dormir en mi cama.

Helena se levantó, le dio las gracias y se fue a la habitación sin decir más. Pero cuando estaba en el piso de arriba, volvió a bajar, se colocó frente a David y le pidió perdón.

—Siento habértelo contado de esta manera. No te lo merecías. Lo siento de verdad.

—No soy como ese tipo.

—Lo sé.

Se dio la vuelta y volvió, de nuevo, a subir las escaleras de la casa de David.

4

Helena quedó con Penélope en que durante el fin de semana leerían juntas el cuento que la pequeña debía repasar para clase. Ya lo habían hecho en más de una ocasión, Penélope colocaba el libro de cara a la cámara y Helena leía en voz alta. Cuando terminaba la página, hacía un gesto con el dedo y ella, que no le quitaba la vista, la giraba.

Helena encendió el ordenador. Eran las siete y media de un frío diecinueve de noviembre de 2005. En la puerta de su casa se arremolinaba la nieve, que ella consentía hasta que no podía saltarla. Entonces, con la pequeña pala, apartaba un buen montón y recobraba el acceso a su casa.

Volvió a las dos de la tarde de pasear por la montaña y se metió en la casa con la intención de dejar pasar las horas hasta que Penélope se conectara al otro lado. David tenía muchos trabajos que corregir y se habían permitido resguardarse cada uno en su casa hasta la hora de la cena.

Las siete y treinta y cinco y Penélope continuaba sin conectarse. Estuvo a punto de llamar a Carlos, pero creyó que cinco minutos no era tiempo suficiente como para asustarse. Se entretuvo mirando las noticias en uno de los periódicos digitales que había salido por aquella época.

Las ocho menos diez y su sobrina no aparecía al otro lado. Veinte minutos sí era para preocuparse. O tal vez no. Tal vez estuviera jugando en casa de alguna amiga y se hubiera olvidado de su tía, aunque eso no había pasado nunca. Helena no sabía qué hacer. Empezó a rebuscar páginas por la red a las que casi no prestaba atención. Las ocho.

Sonó el móvil. Era Carlos. El corazón de Helena comenzó a palpitar con fuerza. Descolgó. Mientras oía hablar a su hermano sobre algo de un cine escuchaba llorar a Penélope por detrás. Helena le pidió a Carlos que le pasara el teléfono a la pequeña.

—Tía, le dije a papá que no nos daba tiempo a ver la peli y a llegar a casa, pero no me ha hecho caso.

—No pasa nada. Cuando llegues que te conecten y te leo el libro.

—¿Tú estabas conectada?

—Sí. Estaba pensando que te habías ido a casa de alguna amiga...

—No, si yo había quedado contigo. Es que se lo he dicho. —Penélope seguía llorando.

—No pasa nada. La tía te espera. Cuando estés en casa hablamos y deja de llorar, que no tiene importancia.

Helena colgó. Esperó otra media hora hasta que Penélope se conectó. Todavía llevaba la nariz y los ojos enrojecidos por el tiempo que había pasado llorando. Estuvieron hablando de la película, de las clases, de las notas de los últimos controles y de que pronto sería su cumpleaños y había pedido de regalo un hermano. Helena se echó a reír y pensó si Carlos también la habría pedido a ella de regalo. Después, como si nada hubiera pasado, leyeron el cuento.

Eran más de las diez de la noche. Demasiado tarde para Penélope, que se iba a la cama antes de las nueve. Y demasiado tarde para Helena, que tenía a David en el comedor esperándola para cenar. Sin embargo, ni Penélope ni Helena se daban cuenta del tiempo que pasaba cuando se ponían a hablar. Carlos, que apareció por detrás de la pantalla, las devolvió a la realidad.

—Cinco minutos para deciros adiós y corto.

—Diez. —Penélope intentaba negociar.

—Siete —exclamó Helena al otro lado para mediar en aquella negociación.

—Siete. Ni uno más. —Carlos desapareció de la pantalla.

—Bueno, otro día me cuentas más cosas. Ahora vamos a dejarlo, que es tarde. David también me está esperando para cenar.

—¿Ya eres la novia de David?

—No, no, no. No somos novios. —Helena conocía de sobra las tretas de Penélope para conseguir que todo el mundo contara cosas.

—Pues a mí me gusta mucho David.

—Pero si solo lo has visto dos veces.

—¿Y qué? Tendrías que ser su novia.

—Para tu cumpleaños ¿qué quieres? —Helena no era buena estratega cuando se trataba de Penélope y cambió de tema al sentirse acorralada.

—Este año no quiero que me mandes un regalo. Solo quiero una cosa.

—Tendré que comprarte algo, ¿no?

—No quiero nada.

—Pues dime qué cosa quieres, que no se puede comprar.

—Quiero que vengas a casa por mi cumpleaños. Eso es lo que quiero.

Helena se quedó inmóvil frente al monitor. Durante semanas había estado pensando en volver, pero no sabía cómo. La conversación mantenida con Fifín, un año atrás, la tenía casi olvidada. Y en el fondo, lo que ella deseaba más que nada era volver. No sabía cómo se lo tomarían sus padres, pero ya no le importaba. Ahora tenía una excusa para hacer eso que llevaba pensando desde que, semanas atrás, después de su confesión, David le dijera que la vida pasaba demasiado rápida y que tenía que volver a casa, coger en brazos a Penélope y reconciliarse con sus padres.

Tienes que volver, hablar con ellos, contarles la verdad de por qué te fuiste y empezar otra vez. Es difícil, pero se puede, le había dicho David. Ahora, mientras miraba los ojos verdes de Penélope, recordaba esas palabras.

—Tía, por favor —insistía su sobrina—. Ven para el cumple.

Helena seguía sin contestar.

—Tía…

A Penélope se le empezaban a caer las lágrimas por las mejillas.

—Te lo prometo.

—¿Me lo prometes?

—Te lo prometo. Y ahora dame un beso y no se lo cuentes a nadie, ¿vale? Será nuestro secreto.

—No se lo diré a nadie.

Helena colocó la cara delante del monitor y escuchó un ruido semejante a un beso por los altavoces del ordenador.

5

David acababa de llamar a la puerta. Antes de que Helena pudiera llegar, Tara movía la cola a un ritmo frenético esperando poder abalanzase sobre quien se escondía al otro lado. Pero Helena llevaba las manos llenas de masa de pan y aquella tarea cotidiana de abrir la puerta se estaba demorando más de lo previsto. Las incesantes carreras de Tara desde la puerta hasta la cocina la ponían todavía más nerviosa. Por fin consiguió deshacerse de los restos de harina.

Y ese abrir la puerta, pasar adentro y dirigirse juntos a la cocina se volvía en ese siete de diciembre, anómalo. Desde que la noche anterior, al despedirse, cambiaran sus dos besos por una mirada, todo se había transformado. David se fue dando las buenas noches, pero ella permaneció despierta hasta bien entrada la madrugada. En la cama no paraba de pensar en él. David no era Andrés. Ella lo sabía. Y cinco años de soledad habían obligado a su cuerpo a gritar que alguien lo abrazara.

Sin embargo, el miedo, un miedo tal vez infundado, se cernía sobre el cerebro de Helena, que terminaba por hacerle más caso a él que a su órgano vital. Porque solo una vez en su vida le había hecho caso a este y las consecuencias fueron fatales. Su maldito corazón le dijo, en esa ocasión, que empezara una vida nueva. Que los abandonara a todos, incluso a Penélope, y se fuera sola. Acurrucada bajo el nórdico, se debatía entre atender a su cerebro, que le recordaba incesantemente que Andrés también fue amable, cariñoso, atento y perfecto, hasta que un día, cuando ya la tuvo entre sus brazos, dejó de serlo; o a su corazón, que le decía que no había nada peor que no latir con fuerza.

Todo eso pensó Helena de la noche anterior. David, mientras, preparaba la mesa para cenar y hablaba del grupo de adolescentes a los que daba clase de literatura, aunque ella solo escuchaba el ronroneo de su cabeza; y pensó, al sacar el pan del horno, si aquel joven de cuarenta y seis años era como se mostraba ante ella.

—No sé por qué quieres siempre cenar en la mesa —le interrumpió Helena en un tono distante.

—Porque es más cómodo que el sofá. Aquí encima cabe todo y no tienes que ir dejando cosas por el suelo.

—A ti te parece más cómoda y más limpia la mesa, pero a mí me parece de lo más aburrido, viejo y formal.

Helena no entendía nada de lo que estaba haciendo, ni qué pretendía con aquella estupidez absurda. Si lo que buscaba era encontrar a Andrés en David, lo iba a conseguir seguro, porque hasta la más tierna, cariñosa y comprensible de las personas tiene un límite.

—Será que soy aburrido, viejo y formal. —David había dejado el plato colocado entre el cuchillo y el tenedor.

—No estoy diciendo eso. Digo que a mí me gusta cenar en el sofá.

—Otro día podemos cenar en el sofá.

Otro día, pensó Helena, pero hoy no. Hoy lo hacemos como tú dices.

Mientras servía las verduras pensaba en todas y cada una de las veces que habían acabado haciendo lo que David decía y no lo que a ella le gustaba, porque su cerebro se encargó de hacerle olvidar la cantidad de veces que él había hecho concesiones por pasar unos minutos al lado de Helena.

La cena transcurrió con una tensión inusual entre ellos. Solo unas pocas veces habían discutido y casi siempre tenía que ver con asuntos políticos de los que acababan riéndose. Sin embargo, esa noche, la televisión se instaló en su conversación como un mediador dispuesto a no permitir que una guerra con triste final se iniciara.

David pensaba en lo absurdo de aquella situación. Helena se había enfadado por cenar en la mesa cuando, él lo recordaba, ella instauró esa rutina. Sí, era verdad que, a veces, cuando la comida lo permitía, se sentaban en el sofá, o cuando el verano apretaba, recordaba hacerlo sentados en el suelo. Pero había sido Helena, solo ella, la que desde un principio eligió la mesa para cenar. Tal vez, pensó David, un mal día en el hotel. Algún huésped descontrolado que cree tener razón en todo. Eso le había pasado más de una vez, demasiadas; pero ella siempre se lo contaba y se reían de lo frustrante que tenía que ser la vida de una persona si, estando de vacaciones, no conseguía relajarse.

A David se le acabaron los pensamientos con los que justificar a Helena y creyó que instruirse con la televisión, si es que eso se podía, era su mejor baza. Adiós a su plan que él creía perfecto: proponerle a Helena vivir juntos. Ella parecía que lo hubiera intuido y por eso se había enzarzado en un discusión sin sentido. En ese momento se sintió frustrado. Estaba claro que ella no quería alguien con quien vivir sino alguien con quien pasar algunos momentos de su vida. Y él, aunque le doliera, ya no quería a Helena de esa manera. Comprendió, pues, que entre esas dos frases había mucha diferencia y que nunca la tendría. Ella había sufrido demasiado y no permitiría que nadie volviera a hacerle daño. David sintió tanto dolor que cuando acabaron de cenar, quitó la mesa, colocó los platos en el fregadero y quiso salir de allí antes de que su mundo se derrumbara.

Todavía le quedaron fuerzas para mirar a Helena y ver cómo se mordía el labio inferior. Si estaba haciendo eso era que estaba muy enfadada y que en su cabeza bullían mil pensamientos que de un momento a otro iban a salir a borbotones acompañados de lágrimas. David no sabía qué le daba más miedo, si marcharse, o quedarse y ver estallar a la persona que más quería.

Se fijó en Tara. Dormía tranquila arrebujada en un rincón del sofá como si hasta allí no pudieran llegar las balas del lenguaje. Ella lo había entendido a la perfección: hoy no hay juego. Toca apartarse y descansar. Quizá mañana haya más suerte.

David pensó que esa perra negra, a la que tanto cariño había cogido, era la más inteligente de los tres seres que habitaban la casa y, por tanto, había llegado el momento de actuar por instinto, como los animales. Algunos, los que se creen más poderosos, se quedan a luchar; otros, los más inteligentes, se apartan del peligro, porque el instinto les dice que lo más importante es sobrevivir. Llamadlos cobardes, pero ellos siguen vivos, pensó en silencio.

David no era el más poderoso, ni el más fuerte y, por supuesto, no quería luchar, y mucho menos con Helena, por eso decidió retirarse y esperar otro día mejor. Porque, tal vez, y sólo tal vez, era mejor apartarse y descansar.

—Me voy a casa —le dijo mientras cogía la cazadora del perchero.

—¿Ya está? ¿Te vas? Llevas toda la noche sin hablar y ahora te vas.

—Tú tampoco has dicho nada. Me voy. Mañana seguro que todo está mejor.

—Haz lo que quieras. Vete, sí.

David abrió la puerta. El frío del invierno penetró en la casa. Helena lo miraba como si no creyera que él pudiera marcharse. Si lo hacía, ella tendría razón y no la comprendía. No comprendía todo lo que había pasado, todos sus miedos y todo a lo que tenía que enfrentarse si quería empezar de nuevo. En el fondo, lo que deseaba Helena, mucho más que abrazar a Penélope, era que David se quedara, la besara y le dijera que la quería. Porque más que nada en el mundo, ella deseaba querer a David, aunque no se lo dijera en voz alta.

Pero él estaba en la puerta diciéndole adiós, en vez de te quiero.

Cuando David avanzó unos pasos y Helena lo vio alejarse se arrepintió de lo que había hecho esa noche; ya se torturaba con reproches sobre lo estúpida que había sido; ya se odiaba, como se odió cinco años atrás. David se giró y retrocedió los pasos andados y el corazón de Helena se puso en marcha de nuevo. Frente a ella, aquel joven con el que había compartido risas, historias, libros y conversaciones, aquel joven que había llegado al

Pirineo para ser profesor lejos del bullicio de Barcelona, aquel joven al que le confesó el único secreto que le guardó al mundo, aquel joven que la convenció para volver a casa, aquel joven, ahora, acercaba los labios a la mejilla de Helena y le daba un beso seguido de un buenas noches. Después, se fue.

Helena se quedó inmóvil mirando cómo se alejaba David. Lo vio entrar en la casa, cerrar la puerta y encender la luz, bajar todas las persianas y desaparecer en la oscuridad. Y ella, que siempre temblaba de frío, incluso cuando despuntaba el verano, seguía quieta delante de su puerta. Decir que no pensó en nada sería mentir; reproducir cada uno de los pensamientos que circularon por la mente de Helena, sería imposible.

Al cerrar su puerta pensó que ese beso, ese único beso en la mejilla, había sido un beso de despedida. Y a Helena las despedidas no le gustaban. Cuando el cerrojo giró por última vez soltó el diente de su labio, dejó de ofrecer la presión que había ejercido durante toda la noche y comenzó a llorar. Se dirigió al sofá, se acurrucó junto a Tara como si fuera su único refugio y lloró. Se sintió cruel, infame y perdedora, una vez más. Porque aunque ella quería engañarse con excusas para convencerse de que David le haría daño, como antes se lo hizo Andrés; aunque quisiese engañarse, ella sabía que ese joven de ojos verdes no era Andrés. La discusión que había comenzado, todavía no sabía por qué, la acababa de alejar de la única persona que la hacía sonreír.

Helena quiso creer que si había iniciado un conflicto tenía un motivo, aunque no sabía cuál. Así que hurgó en cada uno de los rincones de su cuerpo, rebuscó entre sus pensamientos y, por fin, sin apenas darse cuenta, descubrió el porqué. Había dejado de llorar. Miraba a un punto indefinido mientras analizaba todas y cada una de las posibilidades que se cernían sobre ella: protegerse o exponerse.

Solo dos posibilidades. A ella que tanto le gustaba sacar cálculo de probabilidades, le fallaba la estadística esa noche. Quieta o hacia adelante. No va más.

6

Con la cazadora roja y blanca y los vaqueros, Helena esperaba en la puerta de la casa de David. Esperaba ser capaz de hacer sonar el timbre, esperaba poder hablar y, sobre todo, esperaba que él la dejara pasar. El ruido estridente del timbre resonó en la noche. Helena sentía, ahora sí, el frío en su cuerpo. Sus piernas se movían incesantemente para combatir el helor. Para eso y para vencer el nerviosismo que le oprimía el corazón. Los minutos se hicieron eternos delante de la puerta de madera oscura. Helena había olvidado rezar, pero ahora mismo suplicaba a cada uno de los dioses que conocía, que David le abriera.

El sonido del interruptor de la luz y el cerrojo rompieron el silencio de la calle. Allí estaba ella, los ojos hinchados y la respiración contenida. Enfrente, David, los ojos verdes y sus labios inmóviles. Helena temblaba, pero cuando vio que él se apartaba de la puerta para dejarla entrar, respiró de nuevo. El calor de la casa la hacía sentirse segura. David la miraba sin pronunciar una sola palabra, mientras ella, quitándose la chaqueta despacio, esperaba ser capaz de explicar lo que había ido a decir.

Se dirigió al armario de la entrada, dejó la cazadora al lado de las de David, todas perfectamente ordenadas, como él; diferente al caos que rodeaba la casa de Helena. Miró las prendas y recordó los días en los que él había utilizado cada una de esas chaquetas. Helena siempre tuvo una mente capaz de olvidar dónde había dejado las llaves quince minutos atrás, pero diestra en recordar cada historia vivida, y qué pantalón o qué vestido utilizaron sus protagonistas.

David llevaba la chaqueta verde oscuro el día que ella lo vio por vez primera, y la gris el día que se dijeron hola en el supermercado del pueblo; y eligió una camiseta blanca para el día que decidieron hacer juntos una ruta por los senderos colindantes. Sin volverse hacia él, visualizó los últimos días: cómo rieron con conversaciones anodinas, cómo demoraron las despedidas, cómo él le cogió de la mano mientras paseaban por la calle, cómo ella se soltó antes de llegar a la puerta de casa. Visualizó cada uno de esos instantes y supo que, por una vez, tenía que ser valiente.

—Tengo miedo —logró decir.

—Yo también.

—No es el mismo miedo.

—Lo sé.

Ese era el único diálogo que fueron capaces de mantener después de quince meses de espera. Helena sabía que tenía que avanzar hacia David si quería ser valiente. Y él sabía que tenía que acercarse si quería que el plan, que había urdido durante todo el día, fuera perfecto. Pero ni Helena ni David se movían del espacio que ocupaban. Cuando ya parecía que el final se iba a precipitar sobre esos dos jóvenes que se miraban impasibles, Helena se acercó despacio y lo miró a los ojos. Y David, que llevaba demasiado tiempo esperando, la besó.

Se besaron como si el mañana no existiera, como si cuando se precipitara el día cada uno de ellos fuera a volver a su vida anterior. David la seguía besando mientras la conducía hasta la habitación. No encendieron las luces, porque era más fácil vencer sus miedos si todo estaba oscuro. Helena sintió cómo la ropa desaparecía de su cuerpo, sintió una mano acariciando su espalda mientras la besaban. Comenzó a recuperar la memoria perdida. Sus manos, entonces, se dirigieron hacia los brazos de David y los acariciaron, mientras apretaba su sexo contra el de él. El placer crecía en ese maremágnum de caricias y besos.

Helena rozó despacio el sexo de David que gemía a cada movimiento de ella. Él acariciaba el sexo de Helena que abría las piernas mientras curvaba su espalda de placer. Ella se abrazaba a David, sus pechos erectos esperando ser mordidos. Seguían besándose más rápido, más espaciados por los gemidos que se prodigaban cerca de la nuca.

Helena besó el pecho de aquel joven y se deslizó hacia su sexo. A él lo escuchaba gemir fuerte y eso la excitó todavía más. Se acercó de nuevo y lo besó en la nuca mientras sentía el sexo entre sus piernas, dentro de su propio sexo. Helena se agitó al mismo ritmo que escuchaba gemir a David, que presionaba hacia ella, hasta que un escalofrío recorrió sus piernas.

Después, solo hubo silencio.

Helena estaba medio dormida cuando oyó, en un susurro, un te quiero. Ella se revolvió en la cama y alcanzó a besar a David.

Cuando la vida te alcance

1

El sonido del teléfono despertó a Helena más temprano que de costumbre. Estaba desnuda en una cama que no era la suya, pero aún así supo dónde estaba la mesita de noche. Tomó el móvil con su mano izquierda y cuando vio el nombre en la pantalla se puso a temblar.

—Mamá ha muerto.

Silencio.

—Helena, ¿estás ahí?

Silencio.

—Helena, di algo, por favor.

—¿Qué ha pasado?

—Un infarto. Cuando papá se despertó ya estaba muerta.

—Pero ella no estaba enferma.

—Los médicos dicen que a veces pasa. No ha sufrido nada. Se durmió y ya no despertó. Ayer cenamos los cinco juntos... —Carlos dejó inacabada la frase.

—¿Cuándo la entierran? —Se escuchaba el respirar de ambos a través del auricular.

—Mañana a las cuatro. ¿Verdad que vendrás?

—Esta misma tarde estaré en casa.

Al colgar el teléfono, David la abrazaba por detrás. Como pudo, Helena le contó que su madre había muerto y él la abrazó más. Ella se levantó de la cama, se vistió y salió en dirección a su casa. Él intentó salir tras ella, acompañarla al hotel para explicar lo ocurrido, preparar el desayuno; cualquier cosa que pudiera calmar a Helena, que parecía una autómata realizando acciones pregrabadas. Ella se negó. Conocía perfectamente lo que tenía que hacer y no necesitaba la ayuda de nadie. Ni de David, con el que había pasado la noche haciendo el amor, mientras su madre se moría en una cama.

En su casa, preparó la maleta con algo de ropa oscura. Cerró todas las ventanas y salió con Tara a casa de David, quien tendría que cuidarla mientras ella estuviera en Valencia. Después, sin decir adiós, fue hacia el hotel, explicó lo ocurrido y no esperó los abrazos de ninguno de sus compañeros. Pidió unos días de fiesta y se marchó.

A las cuatro de la tarde del maldito ocho de diciembre de 2005, Helena entró, después de casi seis años de ausencia, por la puerta de la que había sido su casa. De Carlos recibió un abrazo doloroso, pero tierno, como los que se daban cuando coincidían en las vacaciones. De su padre, una mirada de rencor por la ausencia.

—Papá...

—Se ha tenido que morir para que vuelvas a esta casa.

Helena no respondió. No era momento de discusiones, de hacer entender, de rebelarse.

—Se ha muerto sin verte, que era lo que más deseaba —insistía Jaime—. Te dio igual cuántas veces te lo pidiéramos.

—Nadie podía saber que esto ocurriría, papá.

—¿Hubieras venido de saber que iba a morir?

Helena guardó silencio. Esa pregunta no la respondería ese día; tal vez no la respondería nunca. Al menos no a su padre.

—Nunca sabemos cuándo vamos a morir, por eso no hay que esperar —le espetó de nuevo.

—Podría haber muerto yo y ella tampoco hubiera venido a verme, ¿no crees? —Helena no aguantó más los reproches, porque aunque Jaime no lo supiera, sí iba a volver—. Tuvo oportunidad de hacerlo.

Su padre guardó un silencio parecido al de su hija.

—No sirve de nada que nos peleemos hoy —cortó Carlos—. Dejadlo ya. No removamos el pasado. Lo importante es que hoy estamos aquí los tres juntos. Mañana enterraremos a mamá. No discutamos. Ya es bastante duro lo que estamos pasando.

Helena y Jaime no volvieron a hablarse. Pensaron y recordaron a Fifín sin mediar palabra. Él, en los besos que no se dieron, en los bailes que no compartieron y en las caricias que se perdieron. Ella, en las innumerables peleas que tuvieron en esa casa; y de entre todas esas, una que recordó al mirar hacia la silla que daba a la ventana. Allí estaba Fifín sentada cuando la echó de casa. De pie, en el quicio de la puerta, estaba ella cuando decidió que nunca más volvería, que nunca más compartiría su existencia con aquella mujer que no entendía una vida diferente de la suya.

El orgullo, el maldito orgullo las mantuvo alejadas durante seis eternos años. El reencuentro no se parecía a lo que Helena imaginó unas semanas atrás. Fifín se había ido para siempre. Y ese para siempre se quedó retumbando en Helena mientras los recuerdos de su marcha se agolpaban en su cabeza. Las dos llevaban días discutiendo sobre por qué Helena había abandonado a Andrés.

—Tú lo tienes todo —le recriminaba Fifín—: familia, amigos, un buen trabajo, y vas y dejas a tu novio cuando te pide que te cases con él.

—No estábamos bien. Tras la operación me di cuenta. Creo que necesito descansar en algún sitio y después volver a mi trabajo. María me dará unas semanas libres, seguro.

—Eso que tú tienes, por mucha operación que te hayan hecho, es una rabieta adolescente y te llega un poco tarde, hija. Ya estás mayor para eso. Una vida tranquila, una buena casa, un buen novio y un buen trabajo. No sé qué más esperas que te regale la vida.

Helena quería dejarlo todo atrás, abandonar, así, de golpe y en carrerilla. Porque ella quería huir de una asfixiante vida donde había sido maltratada. Ella quería ser feliz en un lugar en donde nadie pudiera hacerle daño. Y su cómoda vida, a la que tanto aludía su madre, era un lugar donde todo le causaba dolor.

Los años pasaban demasiado rápido; la vida se iba demasiado deprisa como para no ser feliz. Eso no.

Y toda esa obsesión por escapar, por buscar la felicidad, podía ser un error, pero sería suyo. Lo que Helena no permitiría era llegar a los cincuenta, como su madre, y no haber dicho ni una sola vez que había sido feliz. No se pasaría el resto de su vida lamentándose por lo que no hizo, quejándose por las decisiones que no tomó, viviendo una existencia plagada de humillaciones como las que aguantó de Andrés. Eso no era lo que Helena deseaba para su vida.

Aunque tampoco lo otro. Lo que ocurrió después. Todo se truncó con una maldita discusión, que Helena recordaba ahora, mirando la silla en la que estaba sentada Fifín aquel día, de espaldas a la ventana, con el sol iluminando la estancia.

—Helena, esas tonterías de dejarlo todo y dedicarse a la vida contemplativa lo hacían los hippies en los sesenta —gritaba—. No has inventado nada. Todos, al final, acaban buscando una vida burguesa y cómoda, como la que tenías tú. No sabes el daño que nos haces a todos con esas decisiones.

—Pues te regalo tu vida cómoda y burguesa. Quédatelas para siempre. —Helena escupió esas fatales palabras.

El silencio de Fifín se hizo eterno; pero la oscuridad de la frase que siguió a esa, todavía fue mayor.

—Si tanto odias esta vida que te hemos dado, lárgate y no vuelvas. No te aproveches más de eso que tanto criticas.

En ese momento fue Helena la que enmudeció, porque se arrepintió de las palabras que acababa de pronunciar, pero ahora no había vuelta atrás. Porque ella no podía decir entonces que no era por su familia por quien se marchaba sino por Andrés; que la vida cómoda, tampoco le parecía tan absurda, pero que tenía miedo. Que haber estado una semana ingresada porque su cuerpo se rebeló, la había hecho pensar que Andrés era el que le causaba todo ese daño.

Nunca le gustó que su madre no fuera feliz y ella no quería repetir la misma historia, pero no era por ella por quien necesitaba huir. Fifín no vio nada de todo lo que callaba y ahora la echaba de casa.

Y Helena era lo suficientemente orgullosa como para no volver la vista atrás.

Fifín se quedó helada cuando vio alejarse a su hija por el pasillo y escuchó remover los cajones, porque ya se había arrepentido, también, de sus palabras.

Aunque Fifín, como Helena, era lo suficientemente orgullosa como para no volver la vista atrás.

2

Quince días habían pasado desde que Fifín murió. Y Helena recordaba a cada instante su entierro. Estaba sentada en la primera fila, junto a Carlos y Olga. A su izquierda estaba el ataúd que contenía el cuerpo de Fifín. La joven no escuchaba nada de lo que el sacerdote se atrevió a decir de su madre. Palabras, seguramente copiadas, iguales para todos. Y Fifín no era como las demás. Era especial. Tampoco Helena se atrevía a mirar la madera que envolvía el cuerpo de su madre. No tenía fuerzas para eso. Solo lograba escuchar el llanto de Carlos, a quien le apretaba la mano con fuerza desde que salieron de casa en dirección a la iglesia. Helena no había mirado a Jaime en todo ese tiempo, pero lo sabía estoico y recto, aunque tuviera los ojos llenos de lágrimas que no alcanzaban a resbalar.

Allí estaba Helena, casi seis años después de salir de una ciudad que la ahogaba, sentada en un banco de madera y sin su madre. Helena no había vuelto a casa. Sintió que el silencio lo invadía todo; pero no era una sensación, era real. El sacerdote había dejado de hablar y solo se escuchaba el rumor de la gente moviéndose. Ya no habría más soliloquios a los que ella no quería atender. Se acabó aquella despedida por parte de un hombre que no conoció a su madre.

Como una autómata, Helena se puso en pie y tiró de Carlos, que parecía no querer moverse. Jaime tampoco lo hacía. Ella estaba de pie, frente al maldito ataúd, viendo cómo se llevaban a su madre. Al fin, consiguió que Carlos se levantara y saliera de la iglesia con ella. En la puerta se agolpaba la gente. Helena no conocía a nadie, o a casi nadie. Sus tíos y sus primos se arrimaron a Jaime primero, a Carlos después, y de todos ellos recibieron un abrazo efusivo. Un abrazo que le negaron a ella. Nadie la compadeció. Solo María, que también estaba allí, la abrazó tan fuerte que se sintió querida.

De entre toda aquella gente distinguió un rostro conocido, el de Andrés. La miraba con cara de haber ganado una batalla. Helena lo miró a los ojos. Todo el dolor que sentía en ese instante se convirtió en aborrecimiento. Podría haberle gritado, podría haberle negado el abrazo que él le ofrecía, podría haberle dicho cuánto lo odiaba, e incluso que si su madre estaba muerta era por culpa de él. Podría haber vomitado alguna de esas frases, aunque no dijo nada. Se limitó a darle las gracias por acudir al entierro y a ofrecerle dos besos, como si nunca hubiera ocurrido nada entre ellos dos.

Al lado de Andrés estaba Carmen, orgullosa del hombre que la llevaba cogida de la mano. Se miraron de frente. Helena vio que tenía grandes ojeras, estaba delgada y demasiado blanca para vivir en una ciudad donde había sol casi todo el año. Sintió lástima por ella. Más, cuando observó que lucía una prominente barriga fruto de un embarazo del que Helena consiguió escapar. Andrés hizo una escueta presentación entre las dos mujeres, mientras acariciaba orgulloso la barriga de Carmen. Mi esposa, así se la presentó. Helena sintió todo el peso de la palabra en su cuerpo y supo lo que esa mujer que tenía frente a ella iba a tener que soportar, lo que aquella criatura tendría que ver, esposados como iban a quedar al hombre que ella amó hacía ya demasiado tiempo. Y entonces, como si necesitara rescatar a esa mujer, mientras le daba dos besos, le dijo muy despacio: espero que seas fuerte para salir huyendo antes de que nazca. Carmen la miró aterrada, al descubrir en ese instante la verdadera historia que unía a Andrés y a Helena.

Por suerte para ella, el cortejo fúnebre salía y la gente los empujaba para poder darle a la familia el pésame antes de que salieran andando hacia el cementerio. Un paseo eterno en el que se sintió, un vez más, sola. Carlos se abrazaba a Olga; Jaime, a su hermana Claudia. Ella iba en el centro, huérfana.

Y delante, también solo, el coche fúnebre que se llevaba a Fifín para siempre.

Helena pensó entonces que no volvería a verla jamás, que no tendría oportunidad de decirle cuánto se arrepentía de no haber vuelto el verano anterior, o simplemente, dos días antes. Y ahora, sola, tenía que decirle adiós a Fifín; pero no un adiós cualquiera sino un adiós eterno.

El paso lento tras el coche fúnebre hizo que a Helena le pesaran los años que no compartió con Fifín. Años en los que ella era casi feliz y su madre casi infeliz. Helena había encontrado su sitio y además, ahora, hasta a un compañero de viaje. Su sitio era un lugar en el que cultivar un trozo de tierra por las dos únicas vecinas que no sabían el significado de la palabra linde, y un paisaje en el que recrearse un día cualquiera. Helena pensó, mientras caminaba con paso lento, si su madre habría permanecido encerrada en su casa, atada, esperando que volviera algún día, mientras ella miraba el azul del Pirineo.

Y seguía pensando en aquello quince días después, mientras tomaba un café en la mesa blanca de la cocina justo después de vaciar el armario de Fifín. Jaime se había ido a casa de Claudia unos días, mientras los dos hermanos intentaban dejar la estancia vacía de cualquier recuerdo.

Para Helena fue el momento más duro de todos los que había pasado hasta entonces. Entrar en la habitación de Fifín y ver que ella ya no estaba, que no volvería a estar. La cómoda seguía manteniendo las mismas fotos de siempre: Helena de pequeña jugando en la playa, Carlos graduado, Jaime y Fifín el día de su boda, Penélope gateando por encima de la cama. Y un reloj que se había parado hacía mucho tiempo. La cama estaba perfecta, ni una sola arruga, como le gustaba a Fifín, con una muñeca encima como única decoración. Su mesita de noche todavía conservaba el último libro que no logró acabar.

Todo como ella lo había dejado antes de morir.

El armario de cinco puertas estaba repleto de su ropa. Vaciarlo fue un golpe más que la vida asestó a Helena. Cada uno de los vestidos, cada una de las piezas era un recuerdo que tenía de su madre. Se dio cuenta, entonces, de que Fifín tenía colgada ropa nueva; alguna, todavía llevaba la etiqueta puesta. Helena se sorprendió. Su madre nunca malgastaba en ropa; de hecho, no malgastaba el dinero en nada. También se asombró del estilo de alguna de esas piezas, demasiado modernas para Fifín. Si lo pensaba, se parecían bastante a algunos de los vestidos que ella había adquirido antes de la pelea.

Helena desmontó, despacio, las perchas. Poco a poco. Dobló las prendas y las fue colocando en bolsas de plástico, mientras Carlos permanecía inmóvil sentado encima de la cama. Toda una vida, pensó Helena, metida en una bolsa de plástico. Qué ironías se permite nuestra existencia.

De pronto encontró el vestido azul que compartieron en más de una ocasión. Helena recordaba a Fifín el día que llegó a casa con él. Se lo probó delante de ella, porque quería agradarla y estar más cerca de su hija, aunque nunca lo supo. Fifín se contoneaba y sonreía como si fuese una modelo, mientras le preguntaba a Helena si le sentaba bien, si estaba guapa. Claro que lo estaba. Fifín siempre estaba guapa. Solo en algunas ocasiones en las que caía enferma, parecía no estar tan perfecta.

El resto del tiempo, era preciosa.

Y ya no estaba.

3

El cansancio se apoderó del cuerpo de Helena. Llevaba casi un mes sin dormir una noche entera. Desde que supo que Fifín había muerto, ya nada era igual. Pasaba las noches en vela pensando en todo lo que pudo haber sido y no fue. El arrepentimiento y el dolor comenzaban a hacer mella en una Helena impotente cuyos ojos se empequeñecieron otra vez.

La mayor parte del tiempo, intentaba recuperar en su memoria los años vividos con su madre, pero le costaba encontrar un momento en el que hubieran tenido una buena relación. Recordaba a su madre siempre atareada en asuntos aplazables para todos menos para ella, siempre ajetreada. Eso era todo lo que se le venía a la mente a Helena.

Y por eso se odiaba cada minuto más. Helena se odiaba por no encontrar en su cabeza esa imagen perfecta que observaba con dolor en las fotografías que había examinado una y otra vez desde que volvió a su casa después de casi seis años. Cuando no había nadie, Helena entraba sigilosa, pasaba por la cocina donde tantas veces se sentó mientras Fifín cocinaba, y acudía a los cajones de la vitrina del comedor. El mismo comedor que tenían desde que sus padres se casaron, el mismo con el que ella y Carlos crecieron. Entonces, cogía todas las fotografías, las esparcía sin orden encima de la mesa y las revisaba.

Se detestó por no haber conocido a la joven alegre que se le mostraba viva e inmortal en cada uno de los retratos. Imágenes de una madre sonriente con su niña en brazos y un pequeño agazapado entre las piernas. Imágenes de una sonrisa perfecta y eterna junto al mar leyendo un libro cualquiera, como si nadie la estuviese viendo a través del objetivo de una cámara, como si ella no supiese que era observada. Imágenes de una joven demasiado hermosa como para estar sentada entre los árboles y que no fuera a ella a quien miraras. Imágenes de una madre que ella nunca conoció, aunque la niña que tuviera entre sus brazos fuera Helena.

Se sentía fracasada en esa malograda búsqueda diaria a través de las imágenes.

Porque reconocía, aunque no quisiera admitirlo, que Carlos tenía razón, que echaba de menos a su madre, que estaba segura de que las dos se habían querido, de que era necesario ese adiós; porque, aunque tarde, era un buen momento para despedirse de verdad y sin rencor. Había llegado el momento de encontrar a Fifín en imágenes retratadas y dejar de sentirse más pequeña que nunca, más sola que nunca, más huérfana que nunca.

4

Un frío quince de enero de 2006, Helena se enfrentaba a una nueva despedida. A la mañana siguiente saldría de su casa para dirigirse a aquella aldea alejada de todo y de todos. Se despidió de María sentada en el sofá rojo que habían comprado juntas durante un viaje y que ahora ocupaba la pared central del comedor de su amiga. Se abrazaron antes de la despedida. María lloraba y le prometía a Helena que iría a verla en un par de semanas. Helena le sonreía mientras le acariciaba la cara repleta de lágrimas.

Después, cuando el reloj marcaba las ocho de la tarde, se dirigió a casa de Carlos. Durante la cena que Olga había organizado para la despedida no hablaron demasiado, ayudados en esa tarea por la presencia de Penélope que, con sus juegos y risas, lo invadía casi todo. A las once de la noche, después de muchos silencios, la tía arropaba a su sobrina. Se abrazaron. En el portal, Helena dijo adiós a Carlos y a Olga, que la miraban preocupados.

Algo no iba bien, porque no la habían visto llorar, a ella que tanto lloraba.

En el 205 rojo, después de las despedidas, se podía ver a un Jaime y a una Helena distantes. No hablaron en todo el trayecto de vuelta a casa, no se dijeron ni una sola palabra. Los dos, a su manera, estaban heridos de muerte y no sabían cómo recuperarse. Sin embargo, cuando cerraron la puerta de casa, dejaron las llaves en el cenicero de cristal y enfilaron juntos el largo pasillo que conducía a sus habitaciones, Helena tomó la mano de su padre y él, sin decir nada, se la apretó. En el pequeño rincón que unía las habitaciones de padre e hija, Helena se atrevió a darle dos besos a Jaime y a decirle que, cuando llegara el verano, casi seguro, volvería a casa.

A la mañana siguiente, cuando el sol todavía no se había posado sobre las montañas nevadas, Helena cruzó, de nuevo, el último puente que conectaba con aquel lugar que había hecho suyo. Aunque esta vez, en el asiento de atrás, no se removía una mestiza negra. Esa vez Helena iba sola. De nuevo.

Se dirigió a la montaña más alta de la zona. Dos mil metros de altura la separaban de la que había sido su vida en las últimas semanas. Helena observó el horizonte al tiempo que se tumbaba sobre una manta extendida en el suelo para no sentir el hielo en las piernas. Así estuvo, inmóvil, sin pensar, con la mente vacía. Pero la memoria es muy traicionera y le devolvió la imagen de Fifín muerta, y pensó, como ya hiciera seis años atrás, qué pasaría si ella muriera.

Quiso borrar ese pensamiento y llamar a David, decirle que ya estaba de vuelta, abrazarlo; pensó en contarle todo lo que había pasado, todo lo que había aprendido de las ausencias. Decirle, por si acaso pasaba lo peor, cuánto lo quería, cuánto lo había echado de menos esas semanas, cuánto deseó poder besarle y dormir arropada a su lado, mientras Tara se acurrucaba en el suyo. Pensó en todo eso, pero no hizo nada. No se dirigió a su casa ni llamó a David ni le dijo cuánto lo quería.

Helena, simplemente, esperó a sentir cómo la nieve la cubría o cómo el frío congelaba sus entrañas. Helena quería morir allí, junto a esa montaña, cerca del sol, tocando la tierra fértil. No hacía falta caja, ni cenizas ni entierro. Solo su cuerpo y la tierra.

Helena no pensó en nada más hasta que comenzó a llorar. Lloró hasta agotar las lágrimas que había retenido durante semanas. Lloró por los sentimientos ahogados, por la pena, por saber que no habría perdón posible, que había llegado demasiado tarde. Lloró al saber que nunca podría decirle a Fifín cuánto la quería.

Y el llanto se convirtió en un grito ahogado.

Después, silencio. Mucho silencio. Las manos entumecidas sobre la tierra. Los ojos cerrados. El sol en la cara. Su cuerpo y la tierra. Su cuerpo abrazado por la tierra. Esperando. Dejándose empapar por la nieve. Helena casi helada.

Poco a poco, recuperó la memoria. Reconstruyó un futuro. Y entonces se puso en pie, aunque estaba agarrotada por el frío. Recogió la manta del suelo, la dejó en el maletero y puso en marcha el coche. Deshizo el camino andado hasta llegar a la puerta de una casa abuhardillada donde ahora habitaba David. Oyó ladridos. Llamó al timbre. La puerta se abrió.

No se dijeron nada. Pero David abrazó a Helena y ella siguió llorando hasta que no pudo más.

Fin

Nota de la autora

Siempre he creído que una novela es fruto de la imaginación de un autor, que no hay nada detrás más que su experiencia y su bagaje. Como otras veces, estaba equivocada. Esta novela es fruto, sin lugar a dudas, de un montón de personas que han transitado por mi vida, que han dejado poso y que han querido hacerme mucho más sencilla esta redacción.

Te pido que si has llegado a esta línea, continúes, no abandones ahora; porque sin todas esas personas que aparecen a continuación, nada de lo que has sentido sería real. A ti, por supuesto, gracias por leerme, por acompañarme y por sentir. Y a mis editores, sobre todo, por cuidarme, por confiar en mí, por creer en una historia que estaba en ciernes. A ellos les debo que esos tres folios se hayan convertido en el libro que ahora tienes entre tus manos. Me alegro, aunque no saben cuánto, de que una vez nos encontráramos a veinte metros de mi casa y a trescientos kilómetros de la suya y nunca más nos separáramos.

A Tomás, que leyó esta novela cuando solo eran tres folios que surgieron en mi cabeza sin saber bien por qué. Tal vez necesitaba contarme algo y lo escribí. Él me dijo que eso podía ser una novela corta. Y le hice caso, porque él se parece a David, jamás a Andrés. Porque sus consejos siempre han sido acertados; porque cuando en mi imaginación aparecían los personajes de esta novela y me abandonaba a la escritura, a veces mientras tomábamos un café, nunca torció el gesto; porque ha gastado bromas sobre las veces que he revisado la novela, aunque nunca se quejó de las ausencias; porque me ha regalado a un personaje y todas las horas compartidas.

A Paula, que no leyó esta novela, pero que la escuchó en voz alta, muchas veces, pero siempre con una sonrisa. Para ella, creo, es esta novela; porque si el cordón umbilical al que estuvo unida se rompe, nada tendría sentido. Por eso dolió tanto separar a Fifín de Helena y, sobre todo, no reencontrarlas.

A Tara, que sí sale en esta historia y que llegó a mi casa de la misma forma que entró en la vida de Helena, justo cuando más la necesitaba. Ella me regala cada mañana sus patas sobre mi cama, sus ladridos pidiéndome mi desayuno, que juegue con ella, o que le dé una caricia que siempre espera. Y sobre todo me ha regalado un montón de escenas por el Pirineo que también salen en esta novela.

A Sergio Hernández, porque ha estado conmigo en cada uno de los capítulos de esta historia. Él leyó la novela cuando todavía estaba incompleta, aunque a él le pareció perfecta. Supo ver a Helena y a Fifín desde el inicio, las entendió; a veces, incluso más que yo. Se encariñó de María y Helena, así, las dos juntas, y quiso verlas mucho más de lo que al principio estaba pensado. Le hice ese regalo. A cambio, él se divertía cuando yo era incapaz de matar a un personaje, pese a que estaba planeado desde el principio, y le decía, a través del teléfono, que quería salvarlo. Lo hice hasta el último minuto, intentar salvarlo, pero él me animó a no hacerlo; porque, me dijo, la novela tiene que golpearte. Y tú lo has hecho. Mañana, después de dormir intranquilo, seguiré pensando en Helena Sabater y en cómo va a lidiar el resto de sus días con esa losa que lleva a sus espaldas.

A María González que me ayudó a forjar un personaje duro, pero sin el que esta novela no tendría sentido. Algunas de las historias que me contó están aquí, aunque desdibujadas, en parte, por culpa de mi imaginación. Sus recuerdos, sus sueños después de las primeras conversaciones, le dieron credibilidad. En mi memoria quedarán las cervezas compartidas con historias que han dado vida a esta novela.

A María Ballesteros que, de alguna manera, es María Andreu, una mujer que por encima del dinero cree que están las personas. Ella me hizo entender cómo funciona una empresa de comercio exterior, me contó algunas anécdotas de sus viajes al extranjero, y siempre, me regaló su sonrisa.

A Pepa Morató que leyó la novela y buscó las erratas que un escritor nunca ve y quien está leyendo siempre encuentra. Sobre todo le agradezco que haya escuchado, mientras paseábamos tranquilas, cómo se iba gestando la historia, quiénes iban a ser sus personajes, por qué Helena era así y no quería cambiar. A ella le agradezco cada momento compartido y, sobre todo, que me confesara las veces que había tenido que releer porque se olvidaba de la tarea que le encomendé. Si encontráis un error, no fue culpa suya, fue mía, que estuve modificando frases hasta el último instante.

A mi padre, porque siempre se preocupó, aunque no lo dijera, de que todo fuera bien, de que no faltara nada. Y también, aunque no esté aquí dibujado, de las mañanas despertándome antes de irse a trabajar, del camino al instituto hecho en un coche azul, los dos juntos, algunos paseos por el parque cogidos de la mano y, de alguna forma, el creerse invencible, con los miedos que eso nos causó a nosotras.

A mis hermanas, que no son Carlos, pero de alguna manera, sí. A ellas les debo la infancia dibujada en estas líneas, los helados de chocolate en la terraza del apartamento, los paseos por la playa, el juego y muchos de los recuerdos. Y también, que guardaran el secreto de una grabadora encendida, mientras alguien, en un comedor repleto de familia, iba contando anécdotas de un tiempo pasado.

A mi madrina, que sí es la tía Claudia de esta novela y que, al final, descubrió la grabadora, aunque no le importó. A ella le agradezco que jugara con nuestros regalos todas las navidades, que bailara conmigo, y que, de alguna manera, siga haciéndolo en cada uno de los momentos que son importantes para mí.

A mi yaya, porque me regaló un montón de vasos de leche con paquetes de rosquilletas, así, en plural, mientras veíamos la televisión juntas, ella en un sillón rojo y yo en el otro. Y después, aunque la tristeza invadió su rostro y ya no me preparaba la leche, siguió regalándome su presencia.[1]

A mi abuelo José, que salía por las mañanas a pescar anguilas, igual que está pintado en esta historia; a él, que me enseñó a jugar a las cartas, que se sentaba a mi lado en la mesa del comedor y que pasó conmigo toda la infancia repleta de humo de puro dejándose consumir en un cenicero amarillo.

A mi abuela Fifín, que da nombre a la otra protagonista, porque me enseñó a jugar al escondite, al *sambori* y a la comba, aunque ella tuviera ya ochenta años. Me enseñó a sonreír, a no cansarme y a ser valiente. Me enseñó que la edad era algo que marcaba el calendario, pero que no estaba en el espíritu. Y sobre todo le doy las gracias porque me llevó a pasear por la montaña, me preparó mi comida preferida cada viernes y se sentó a mi lado a contarme historias de mujeres, que también eran de ella. A mi Fifín le debo una infancia repleta de risas en un apartamento donde casi todo estaba permitido, donde las tardes se convertían en canciones tarareadas en un balcón y las mañanas en paseos mientras hacíamos la compra. La recuerdo

1- Las rosquilletas son un producto valenciano que en otros lugares se denomina bastones de pan, picos, colines… Sus ingredientes son: harina, sal, aceite, agua y un poco de levadura.

siempre con su pelo corto, su delantal y su sonrisa; pero sobre todo, no he olvidado cómo pasaba horas haciéndonos un pastel, que también sale en esta novela. Y a ella le debo que me diera a una de las personas más importantes de mi vida.

A mi madre, que en realidad no sale en esta historia, pero que me ha regalado sus gestos, sus ojos y la imagen de una joven hermosa, porque ella lo es. A mi madre le debo los días en un 127 marrón, con la leche en el coche, las canciones entonadas y la sonrisa, aunque diga que no se acuerda de que todo eso pasara. Le debo infinitos días en nuestra casa repleta de gente, cada uno con sus conversaciones, siempre rodeados de comida. También los días en que me acompañó a todo eso que fue importante para mí, porque también lo era para ella. Y de alguna manera, le debo ser como soy, aunque no me lo enseñara.

Instagram: rosa_sanmartin
Facebook: Rosa Sanmartín
Web: www.rosasanmartin.net

PUBLICACIONES:

♤ Bajo el paraguas azul.
♤ Buran - Inspector operativo.
♤ Como si nadie estuviera mirando.
♠ Cuando la vida te alcance.
♤ Déjame quererte.
♤ El pintor de la corte.
♤ No escuches al viento.
♤ No me rindo contigo.
♤ No te fíes.
♤ Tiempo de lluvia.

¡VISÍTANOS!